SCHUMMEL Küche

SCHUMMEL Küche

Nathalie Pernstich

Fotos von Miguel Dieterich

Kleiner Aufwand – große Wirkung

avBUCH

INHALT

Lizenz zum Schummeln

Zugegeben, ein 5-Gänge-Menü ist wahres „Multitasking", auch wenn die Rezepte einfach sind und schnell gehen. Hinzu kommt meist eine kleine Portion Lampenfieber, wenn man groß für Gäste aufkocht. Da ist es auch einerlei, ob es sich bei den Gästen um Schwiegereltern, Angebetete, Freunde oder ganz „wichtige" Menschen (solche, mit denen man per Sie ist) handelt. Aber das bedeutet noch lange nicht, dass Sie eine halbe Stunde vor Eintreffen derselben verschwitzt in Ihrer Küche in Panik ausbrechen müssen. Schummeln Sie einfach!

Um mögliche Missverständnisse aus dem Weg zu räumen: Bei den geschummelten Menüs erwarten Sie nicht Tipps und Tricks, wie Sie Ihren Gästen veredelte Fertiggerichte als sublime Eigenkreation unterjubeln können. Wie schon viele weise Köche und Genießer festgestellt haben, sind frische, ehrliche Produkte die wichtigste Grundlage für ein gutes Essen. Weitere wichtige Dinge, die Sie für ein gelungenes Menü benötigen, sind: Spaß am Kochen, etwa zwei Stunden Zeit (nach erledigtem Einkauf), Tipps zum Zeitsparen und zum Anlass passende Rezeptideen, die aussehen und schmecken dürfen, als hätten Sie den ganzen Tag in der Küche geschuftet. Geschummelt wird hier also lediglich hinsichtlich des Zeitaufwandes, den es gilt in die Zubereitung zu stecken. Sie müssen Ihren Gästen ja nicht verraten, wie lange Sie wirklich gebraucht haben. Genießen Sie einfach die Komplimente!

Zur Verwendung dieses Buches

Natürlich erfindet dieses Buch das Küchenrad nicht neu – kulinarische Revolutionen sind Sache weniger, begnadeter Haubenköche und sprengen ohnehin meist den Rahmen einer durchschnittlichen Haushaltsküche. Vielmehr finden Sie hier Rezepte und Tipps, die aus der Erfahrung eines gedrängten Küchenalltags, im Rahmen meiner Kochkurse oder privater Feiern und dem Austausch mit anderen begeisterten (Profi- und Hobby-)Köchen entstanden sind. Auch von den Anregungen und der Kritik meiner Kochkursbesucher hat dieses Buch profitiert.

Die Menüs sind nach der klassischen Folge eines 5-Gänge-Menüs aufgebaut: Vorspeise, Suppe, Fisch, Fleisch, Dessert. Wo keine Anzahl der Portionen angegeben ist, sind die Mengen für sechs Personen vorgesehen, davon ausgehend, dass Sie alle Gänge servieren. Wenn Sie lieber weniger Gänge kochen möchten, berechnen Sie etwas mehr pro Person bei der Hauptspeise: bei vier Gängen etwa um ein Viertel mehr, bei drei Gängen um ein Drittel mehr.

Jedes Menü steht unter einem bestimmten Thema, aber die Rezepte schmecken (sofern die Saison die Zutaten liefert) natürlich immer, wenn man gerade Lust darauf hat! Probieren Sie einfach auch ohne „Anlass" die Rezepte aus, die Ihnen zusagen, und kombinieren Sie ruhig Gänge aus verschiedenen Menüs. Entscheidend ist nur, dass die Speisenfolge harmonisch ist und Ihrer Kochlaune entspricht.

Als kleine Hilfestellung bei der Koordination aller fünf Gänge der einzelnen Menüs sind die empfohlenen „Küchenablaufpläne" mitgeliefert! Diese gehen davon aus, dass Sie das gesamte Menü von null weg kochen. *Die Schritte, die kursiv angeführt sind, betreffen jene Vorbereitungen, die Sie bereits am Vortag treffen können.* Verwenden Sie die Ablaufpläne als Checklisten, um den Überblick zu bewahren – die genauen Anleitungen befinden sich in den Rezepten! Scheuen Sie sich nicht davor, Ihren eigenen Ablaufplan zu entwerfen, wenn der vorgeschlagene Plan nicht Ihren Küchengewohnheiten entspricht. Dasselbe gilt für die Rezepte, vertrauen Sie Ihrer Intuition und experimentieren Sie, wenn Ihnen danach ist. Gut ist es dann, wenn es Ihnen und Ihren Gästen schmeckt!

Bei der Umsetzung Ihrer kulinarischen Vorhaben wünsche ich Ihnen viel Spaß und gutes Gelingen und natürlich die wohlverdiente Anerkennung nach langen, genussvollen Mahlzeiten mit Ihren Gästen.

Nathalie Pernstich

Nützliche Gewohnheiten

Einige Grundregeln zum gelungenen Schummeln gleich zu Beginn!

- Organisieren Sie das „Konzeptionelle" im Vorfeld: Was koche ich (Will ich beeindrucken oder einen gemütlichen Abend mit Freunden verbringen oder beides? Was passt zur Saison?), was muss ich dazu einkaufen, was kann ich am Vorabend vorbereiten, wer deckt wann den Tisch, welche Teller nehme ich für welchen Gang?
- Planen oder delegieren Sie die Weinbegleitung vorab und kühlen Sie die Getränke rechtzeitig ein. Überlegen Sie sich, wer Ihnen am Abend gerne die Aufgabe des Mundschenks abnehmen wird.
- Schreiben Sie einen Menüplan und eine Einkaufsliste, geordnet nach den Händlern, bei denen Sie einkaufen. Überlegen Sie, was Sie vorbestellen können oder müssen (das verkürzt vor Ort die Wartezeit), wo und wann Sie einkaufen gehen oder ob Sie jemanden zum Einkaufen schicken können.
- Wenn Sie zu alledem gar keine Zeit hatten, weil Sie erst zu Mittag erfahren haben, dass Sie am Abend Gäste empfangen werden, suchen Sie sich Rezepte mit wenigen Zutaten aus, von denen Sie die meisten zu Hause haben, fetzen Sie nach dem Büro kurz zum Supermarkt ums Eck für den Rest und bleiben Sie cool. Ihre Gäste erwarten kein Haubenerlebnis der Sonderklasse, sondern freuen sich auf einen schönen Abend bei Ihnen. Ansonsten würden sie Sie in ein Haubenlokal einladen.
- Wenn Sie in Ihre Küche kommen, sollte sie sauber sein. Wenn unbrauchbare Reste von der letzten Woche den Kühlschrank verstellen, müssen Sie vermutlich mindestens 20 Extraminuten einplanen.
- Das WICHTIGSTE an der Küchenorganisation ist die „Mise en Place": Stellen Sie gleich zu Beginn alle benötigten Zutaten bereit, putzen und waschen Sie das Gemüse, füllen Sie alles in Schüsseln oder Behälter und gruppieren Sie die Zutaten möglichst nach den Speisen, die Sie daraus zaubern werden.
- Das ZWEITWICHTIGSTE ist (sofern Sie keine unerschöpflichen Kochgeschirrreserven und 10 Laufmeter Arbeitsfläche haben): Nehmen Sie sich nach den einzelnen Arbeitsschritten immer wieder die Zeit, das gebrauchte Geschirr/Messer/Schneidebrett sowie die Pfannen und Töpfe die Arbeitsfläche zu reinigen. Es lohnt sich, in Summe sparen Sie dadurch Zeit und bewahren den Überblick.
- Wenn Sie nicht viel Zeit haben, erledigen Sie gewisse Schritte parallel zur Mise en place und denken Sie voraus. Das Nudelwasser z. B. muss man nur aufstellen und den Herd aufdrehen. In den 10 Minuten, bis das Wasser kocht, können Sie jede Menge anderer Dinge erledigen. Wenn Sie den Backofen brauchen, heizen Sie ihn gleich vor.
- Machen Sie nach Möglichkeit einen Küchenablaufplan, der alle Gänge umfasst. So vermeiden Sie, dass Sie zweimal Zwiebel hacken oder plötzlich einen Stau am Herd haben. Außerdem hilft so ein Plan ungemein, wenn man sich zwischendurch kurz überfordert fühlt (ja, das tut man manchmal).

- Planen Sie den Ablauf so, dass Sie so viel wie möglich im Voraus zubereiten, damit Sie dann die Zeit mit Ihren Gästen genießen können. In manchen Fällen muss ein Kompromiss zwischen Effizienz und Qualität gefunden werden. Aber das Gemüse für Suppe und Püree, zum Beispiel, können Sie ohne Bedenken vorkochen und dann nur mehr pürieren und aufwärmen. Keiner wird's merken!
- Machen Sie es sich während des Kochens nett und gemütlich in der Küche. Legen Sie Musik auf, kosten Sie den Wein vor, freuen Sie sich über die guten Sachen, die Sie gekauft haben und auf den schönen Abend mit netten Menschen, den Sie vorbereiten!
- Sie dürfen sich zwischen den Gängen ruhig 10 bis 15 Minuten Zeit für die Fertigstellung Ihrer Gerichte lassen. Nach dem zweiten Gang ist ohnehin schon jeder satt!
- Was tun bei Küchenpannen? Da hilft nur Ehrlichkeit, Schauspielerei oder Improvisationskunst. Alle Köche (auch die Profis!) sterben dann und wann tausend Tode, wenn das Obers in der Suppe ausflockt (in dem Fall hilft übrigens ein guter Mixer, sofern das Obers nicht sauer war) oder das Fleisch beim Aufschneiden nur mehr im allerinnersten Kern ganz zart rosa ist. Kein Drama. Meistens wissen die Gäste nicht, wie es eigentlich schmecken oder aussehen sollte. Bei ganz, ganz groben Pannen ersuchen Sie um Rat oder Nachsicht oder springen Sie weiter zum nächsten Gang. Aber solche Pannen sollten Ihnen mit den nachfolgenden Rezepten eigentlich kaum passieren!
- Tun Sie immer so, als wäre es ganz normal, dass Sie so cool ein Menü auf den Tisch stellen. Und wenn Ihnen Ihr Essen schmeckt, dürfen Sie das auch sagen! Falsche Bescheidenheit ist fehl am Platz, denn das Schönste am Kochen ist schließlich, gemeinsam mit anderen zu genießen!

Nützliche Utensilien

Sie brauchen keine Profiküche mit unerschöpflichen Gerätschaften, um die Menüs aus diesem Buch kochen zu können. Natürlich gibt es speziellere Dinge, die in manchen Fällen das Leben in der Küche erleichtern oder den Feinschliff beim Anrichten ermöglichen. Aber die können Sie nach und nach anschaffen, wenn Sie feststellen, dass Sie wirklich öfter mal einladen wollen und Ihrer Experimentierfreude immer mehr nachgeben. Wesentlich ist jedoch eine gute Grundausstattung, die Sie wirklich brauchen. So verstellen Sie sich nicht den Platz in Ihren Schränken und finden auch immer, was Sie suchen. Also folgt hier eine Liste wichtiger Küchenutensilien, geteilt in „Must-haves" und „Nice-to-haves":

Ganz wichtig

4 Flammen
1 Backofen
1 Kühlschrank
1 10-l-Topf
2 3- bis 5-l-Töpfe
2 Stielkasserollen
1 kleiner Topf (zum Butterschmelzen)
mindestens 2 gute Pfannen, eine davon groß
2 Rührschüsseln
1 Bratwanne (Bratenform)
große Auflaufformen (mindestens eine, besser mehrere in verschiedenen Größen)
kleine Souffléformen
mindestens 2 Schneidbretter (im Idealfall 3: eines für Gemüse und Zwiebel, eines für Fleisch und Fisch, eines für rohe Genüsse wie Obst, Brot oder Nüsse)

Nützliche Uten

gute Messer in verschiedenen Größen
Sparschäler
Schneebesen
1 Käsereibe mit grober und feiner Seite
3–4 Kochlöffel, runde und flache
Schöpflöffel
Pfannenheber
1 grobes Nudelsieb und 1 feines Sieb
Klarsichtfolie
Alufolie
Backpapier (am besten das vorgeschnittene)

Sehr hilfreich

1 Küchenmaschine zum Häckseln, Rühren, Schaben, Pürieren (oder)
1 elektrischer Pürierstab
1 elektrisches Rührgerät
1 Salatschleuder
1 Kartoffelpresse
1 Nudelholz (Sie können sich auch mit einer großen Glasflasche behelfen)
1 Waage
1 Küchenuhr
1 Messbecher
1 Bratenthermometer

Kann man immer wieder brauchen

runde Ausstecher in verschiedenen Größen (andernfalls: Tassen gehen auch)
Pinsel zum Bestreichen (Sie können aber auch einen Löffelrücken oder die Hände nehmen)
Kugel- oder Parisienneausstecher (mit einem kleinen Löffel werden die Kugeln nicht so schön)
Dariolformen (kleine Auflaufformen aus Metall für kalte Desserts wie Panna Cotta oder Parfaits – man kann auch solche aus Keramik oder kleine Gläser nehmen)
Keksausstecher in Herz- und Sternform (andernfalls hilft nur großes Geschick mit dem kleinen Messer)
Zestenreißer (Zesten von Zitrusfrüchten können auch mit dem Sparschäler oder auf einer feinen Reibe geschnitten werden)
1 Muskatreibe
1 Mörser
Teigkarte (auch sehr praktisch, um die Arbeitsfläche von Teigresten etc. zu reinigen)
Teigschaber
1 Toaster
1 Nudelmaschine

Nützliche Grundzutaten

Wenn Sie für ein Menü vom Olivenöl über Mehl bis zum Salz wirklich alles einkaufen müssen, wird es umständlich. Auch um spontan etwas Gutes auf den Tisch zu zaubern, sollte Ihre Vorratskammer oder Tiefkühltruhe einige Basics bereithalten.

Im Vorratsschrank

gutes Olivenöl
neutrales Öl zum Braten und Backen
Balsamessig
mindestens eine weitere Sorte guten Essig
Meersalz, grob und fein
evtl. Fleur de Sel (oder Flor de sal), flockenartiges Salz, das in Handarbeit von der Wasseroberfläche an den Küsten Frankreichs, Spaniens und Portugals abgeschöpft wird und einen besonders milden, natürlichen Geschmack hat
Mehl
gute Pasta
Polenta
Reis (etwa Basmatireis für Beilagen, Risottoreis)
Zucker
Zartbitterschokolade
Mandeln und/oder andere Nüsse
Trockenhefe
Backpulver
Stärkemehl

Im Gemüse- und Obstkorb

Zwiebeln
Schalotten
Knoblauch
Kartoffeln
Ingwer
frisches Obst

Im Kühlschrank

Butter
Crème fraîche
Jogurt
Eier
Parmesan
Pesto (am besten auf Vorrat selbst gemacht)
Oliven
Kapern
Dijonsenf

Im Gewürzschrank

ganze Pfefferkörner in der Mühle (mindestens eine Sorte)
Wacholder
Piment
Zimtstangen (oder gemahlener Zimt)
Nelken (oder gemahlene Nelken)
Korianderkörner
Kreuzkümmel
Safran
Vanillestangen (luftdicht verpackt)
Currymischung
Provence-Kräutermischung

Lagern Sie vorzugsweise Gewürze im Ganzen, da die Gewürze dann nicht so schnell ihr Aroma verlieren wie die gemahlenen. Und sinnlicher ist es auch…

Grundzutaten

Auf dem Fensterbrett oder im Garten

Rosmarin
Thymian
Basilikum
Schnittlauch

Wenn Sie keinen Platz für frische Kräuter im Topf haben oder diese bei Ihnen (wie bei mir) immer nach zwei Wochen eingehen, kaufen Sie die Kräuter bundweise frisch bei Bedarf oder lagern Sie tiefgekühlte Kräuter für den Notfall. Sie können z.B. frische Kräuter, die Sie nicht sofort brauchen, fein gehackt in Eiswürfelbehälter füllen, diese mit Wasser bedecken und so einfrieren. Beim Kochen entfalten sie wieder ihr Aroma!

In der Tiefkühltruhe

Die Tiefkühltruhe ist in den meisten Haushalten ein Ort des Vergessens. Wenn Sie einen Eispicke brauchen, um an den Inhalt Ihres Tiefkühlfaches zu kommen, sollten Sie die Fundstücke wahrscheinlich lieber entsorgen als essen. Fisch oder Fleisch aus dem Tiefkühlfach sind grundsätzlich Notlösungen (manchmal aber sehr nützliche!). Wenn Sie frischen Fisch oder Fleisch oder auch Reste einfrieren, schreiben Sie am besten das Datum auf die Verpackung, dann behalten Sie den Überblick.

Gemüse verwende ich auch lieber frisch, aber eine Packung Spinat oder Erbsen aus dem Tiefkühler können oft ganz brauchbar sein.

Sehr praktisch sind selbst gekochte Fonds aus der Tiefkühltruhe – die Grundrezepte finden Sie in diesem Kapitel!

Auch Butter kann auf Reserve eingefroren werden, und wenn Sie Blätterteig, Strudelteig und Eiscreme eingefroren haben, werden Sie selten um eine Nachspeise verlegen sein.

In der Hausbar

Noilly Prat (Vermouth)
Portwein
Orangenlikör
trockenen Weißwein
Rotwein

Fonds

Wenn man einmal damit anfängt, eigene Fonds zu verwenden, kommt man nicht mehr davon los. Als alternative Notlösung können Sie natürlich Suppenwürfel oder Granulat verwenden, aber ein Naturfond ist schnell zubereitet und schmeckt einfach besser. Achten Sie bei Fertigbrühe auf Bioqualität ohne Geschmacksverstärker, denn eine feine Suppe, die mit schlechter Fertigbrühe aufgegossen wird, schmeckt dann meistens vorrangig nach Fertigbrühe. Fonds können auf Reserve gekocht und portionsweise tiefgekühlt werden. Da ich die Fonds meist zum Aufgießen von Suppen und Saucen verwende, salze ich den Fond selbst nicht, sondern das Gericht, das damit zubereitet wird.

Gemüsefond

Rechnen Sie mindestens ein Kilo Gemüse pro 3 Liter Wasser. Sie können das Gemüse ganz oder geschnitten, geschält oder ungeschält kochen. Ich verwende vorrangig Wurzelgemüse (Karotten, Gelbe Rüben, Petersilienwurzeln, Sellerieknollen oder -stangen), dazu eine Zwiebel, frische Kräuter, auch Fenchel und Tomaten geben dem Gemüsefond ein feines Aroma. Alles ein bis zwei Stunden köcheln lassen und abseihen.

Hühnerfond

Die Minimalversion vom Hühnerfond ist ein Suppenhuhn in 3 Liter Wasser, etwa 1 bis 2 Stunden gekocht. Spülen Sie das Huhn vorher immer gut unter kaltem Wasser ab und schöpfen Sie den Schaum, der beim Kochen entsteht, von der Suppe ab. Mehr Geschmack bekommt der Fond mit Suppengemüse und Kräutern wie beim Gemüsefond. Für einen asiatischen Hühnerfond geben Sie etwas Frühlingszwiebeln, einige Scheiben Ingwer, Koriandersamen und Sternanis dazu.

Rinderbrühe

1 kg Suppenfleisch, einige Markknochen, 1 Bund Suppengrün,
1 Zwiebel mit Schale, Petersilie, schwarze Pfefferkörner

Rösten Sie die halbierte Zwiebel mit der Schnittfläche nach unten in einer Pfanne ohne Öl an, das gibt der Suppe Farbe und Geschmack. Alle anderen Zutaten (das Fleisch kalt abgespült) in einem großen Topf mit Wasser bedecken, die Zwiebel dazugeben und alles langsam aufkochen. 2 bis 6 Stunden köcheln lassen und den Schaum immer wieder abschöpfen. Bei kürzerer Garzeit können Sie das Gemüse und das Fleisch essen, bei längerer Garzeit hat es dann weniger Geschmack, die Suppe dafür umso mehr.

Küchenablaufplan

Gehen Sie dieses Menü ganz gemütlich an. Die Gerichte sind derart schnell und unkompliziert, dass sie sich gar nicht für die große Planung eignen. Kochen Sie einfach drauflos oder folgen Sie dem vorgeschlagenen Plan, wenn Sie alle fünf Gänge machen wollen.

Vorbereiten

1. Butter für Apfelsäckchen zum Schmelzen aufstellen.
2. Backofen auf 200 °C vorheizen.
3. Zwiebel für Suppe hacken.
4. Suppe nach Anleitung zustellen und köcheln lassen.
5. Apfelsäckchen nach Anleitung zubereiten und gleich backen.
6. Salat waschen und schleudern.
7. Spinat waschen und schleudern.
8. Salatsauce machen.
9. Huhn nach Anleitung würzen, anbraten und mit den restlichen Zutaten schmoren lassen. Küchenuhr auf 45 Minuten stellen, danach können Sie das Huhn bei ausgeschalteter Flamme zugedeckt am Herd stehen lassen und vor dem Servieren erneut aufwärmen.
10. Die Apfelsäckchen aus dem Backofen nehmen und den Backofen auf Grillfunktion stellen.
11. Baguette in Scheiben schneiden und kurz im Backofen oder Toaster antoasten, mit Ziegenkäse belegen und bereitstellen.

Fertigstellen

1. Baguettescheiben mit dem Ziegenkäse grillen.
2. Salat marinieren und mit den Baguettescheiben anrichten und servieren.
3. Die Suppe pürieren, abschmecken und mit dem Jogurt servieren.
4. Polenta zubereiten und servieren.
5. Huhn erhitzen, abschmecken und servieren.
6. Apfelsäckchen bezuckern und servieren.

Comfort Food

Bei den Gerichten, die in jeder Lebenslage Freude und Trost spenden, stehen Nudeln, Kartoffelpüree, Butterbrot und Schokolade ganz vorne. Aber das kennen wir alle schon! Ein Menü zum „Heimkommen" darf auch vom bewährten Repertoire abweichen, ohne dadurch abgehoben oder zeitraubend zu sein. Mit diesem Menü können Sie ein unkompliziertes kleines Alltagsfest zelebrieren oder einzelne Gänge als schnelles Essen herauspicken. Dazu brauchen Sie gar keine Gäste: Tun Sie sich einfach selbst öfter mal was Gutes.

Salade de Chèvre Chaud

Kaum ein Bistro in Frankreich, das diesen Salat nicht als Standard auf der Karte hat. Wenn Sie Ziegenkäse mögen, ist es wahrscheinlich, dass Sie dieses Rezept ebenfalls in Ihren Küchenalltag übernehmen, denn viel länger als zehn Minuten sollten Sie für die Zubereitung nicht brauchen. Im Sommer ist eine größere Portion davon ein perfektes leichtes Mittagessen!

Zutaten für 4 Vorspeisen
oder 2 Hauptspeisen

- ca. 200 g gemischte Blattsalate nach Saison (z. B. Frisée, Lollo rosso oder biancho und Radicchio)
- 12 Scheiben Baguette
- 3 Crottin de Chavignol, in je 4 Scheiben geschnitten (das macht die freundliche Bedienung an der Käsetheke sicher gerne!) oder 12 Scheiben einer Ziegenkäserolle
- Pfeffer
- Schnittlauch, fein geschnitten

Für die Salatsauce

folgende Zutaten gut verrühren:

- 2 TL Senf
- 2 EL Weißweinessig
- 6 EL Olivenöl
- Salz, Pfeffer

Tipp

Das Originalrezept aus dem Sancerrois verlangt nach „Crottin de Chavignol", kleine Ziegenschimmelkäse (à 60 g), die einen festen, cremigen Kern haben und mit längerer Reifedauer einen zarten Schmelz bekommen. Stattdessen können Sie auch eine Ziegenkäserolle verwenden, diese sind in gut sortierten Supermärkten erhältlich und etwas günstiger. Als Ersatz können Sie auch Schafskäse verwenden, den feineren Schmelz und die schönere Kruste beim Grillen bekommt aber der Ziegenkäse!

Schalten Sie den Backofen auf Grillfunktion ein (mittlere Hitze).

Wenn Sie frische Salatköpfe verwenden, sind das Putzen und Waschen die aufwändigsten Arbeitsschritte an diesem Rezept, aber es lohnt sich! Vorgewaschene Blattsalate aus der Packung sind eine praktische und zeitsparende Alternative, waschen Sie diese in jedem Fall auch noch einmal durch, das frischt den Salat wieder auf. Den Salat gut trockenschleudern und in mundgerechte Stücke zerpflücken. Die Salatsauce zubereiten.

Legen Sie die Baguettescheiben etwa 1 Minute auf jeder Seite unter den vorgewärmten Grill oder kurz in den Toaster. Sie sollen keine Farbe bekommen, lediglich etwas knusprig werden. Dann geben Sie eine Scheibe Ziegenkäse auf jede Brotscheibe, etwas frischen Pfeffer darauf und gratinieren die Käsebrote etwa 3 bis 5 Minuten unter dem Grill, bis der Käse anfängt zu schmelzen und eine goldgelbe Kruste bekommt.

Währenddessen können Sie die Salatsauce mit dem Salat vermengen. Auf vier Teller aufteilen und mit den fertigen Ziegenkäsecroûtons anrichten. Mit gehacktem Schnittlauch garnieren und gleich servieren!

Mit mehr Zeit

Etwas aufwändiger können Sie dieses Gericht mit Blätterteigtaschen zubereiten, die auch ohne Salat eine gute Begleitung zu Wein sind! Dazu benötigen Sie statt der Baguette ein Blatt Blätterteig (aus dem Kühlregal!), das Sie auf einer bemehlten Fläche etwas ausrollen und in 24 runde Scheiben ausstechen, und ein verquirltes Ei zum Bestreichen.

Jede Käsescheibe auf ein Stück Blätterteig legen, salzen, pfeffern und mit Schnittlauch bestreuen. Ein zweites Stück Blätterteig darüber legen, die Ränder mit Ei bestreichen und mit einer Gabel andrücken. Die Oberfläche der Blätterteigtaschen kreuzweise mit einem Messer einritzen und mit dem restlichen Ei bestreichen. So lange bei 200 °C im Backofen backen, bis der Blätterteig goldgelb ist. Das dauert etwa 10 Minuten. Die Blätterteigtaschen können Sie bis zu einem Tag im Voraus vorbereiten und mit Folie zugedeckt im Kühlschrank aufbewahren, in diesem Fall aber mit dem Ei erst vor dem Backen bestreichen.

Variation

Bei einer Variante mit cremigem Ziegenfrischkäse können Sie diesen einfach in Ihre Salatsauce rühren. Lassen Sie den Senf in diesem Fall weg und geben Sie zusätzlich etwas Kernöl dazu. Mit einem wachsweichen 6-Minuten-Ei ist dieser Salat eine kleine Sensation.

Rote Linsensuppe
mit Curry und Jogurt

etwas Öl zum Andünsten
1 Zwiebel, fein gehackt
1 EL Currypulver
150 g rote Linsen
500 ml Gemüse- oder Hühnerbrühe
Salz, Pfeffer
1 kleiner Becher cremiges Naturjogurt zum Verfeinern

Das Öl in einem Topf bei mittlerer Flamme erhitzen, die gehackte Zwiebel und das Currypulver dazugeben und glasig andünsten. Die Linsen in einem Sieb unter fließendem Wasser abspülen und in den Topf geben. Kurz durchrühren, dann mit der Brühe ablöschen und etwa 30 Minuten köcheln lassen. Zum Schluss mit Salz und Pfeffer abschmecken. Nun können Sie die Suppe pürieren oder so genießen, wie sie ist. Garnieren Sie die Suppe mit einem großzügigen Esslöffel Jogurt.

Variation

Als Variante mit braunen Linsen ersetzen Sie das Currypulver durch einige Thymian- und Rosmarinzweige sowie ein bis zwei Lorbeerblätter und geben etwas Wacholder dazu. Sie können diese Suppe auch durch ein paar Speckwürfel, die mit den Zwiebeln angebraten werden, deftiger machen und gewürfelte Kartoffeln mitkochen. Damit haben Sie ein schnelles Abendessen.

Cremige Spinatpolenta
mit Gorgonzola

Auch wenn ein gewisses Maß an Esskultur zur gesunden und genussvollen Ernährung gehört – essen wir nicht alle manchmal gern am Sofa und vor dem Fernseher? (Ich schon!) Und da muss ein Gericht her, das man einfach mit Gabel oder Löffel essen kann. Pasta, Reis oder dieses Polentagericht sind dafür ideal!

Zutaten für 2 Personen (Hauptspeise)
oder 4 Personen (Zwischengericht oder Beilage)
etwa 50 g Butter
200 g Schnellkochpolenta (mit normaler Polenta brauchen Sie etwa 15 Minuten länger)
1 Knoblauchzehe, fein gehackt
500 ml Gemüse- oder Hühnerbrühe
400 g Spinat (frische, junge Blätter oder gefroren)
100 g Gorgonzola
Salz, Pfeffer

Die Butter in einem Topf schmelzen und kurz aufschäumen lassen, dann die Polenta und den gehackten Knoblauch in den Topf geben und etwa eine Minute anrösten. Etwa ein Viertel der Brühe eingießen und kräftig rühren, damit keine Klumpen entstehen. Nach und nach (etwa auf vier- bis fünfmal) die restliche Brühe eingießen und rühren. Mit Schnellkochpolenta ist die Polenta in 5 Minuten gar, normale Polenta braucht etwa 15 bis 20 Minuten. Sie müssen die Polenta dann nicht pausenlos rühren, sondern können sie zugedeckt köcheln lassen. Es sollte aber immer genügend Flüssigkeit im Topf sein, damit die Polenta nicht ansetzt, während Sie nicht rühren. Mit der letzten Portion Brühe auch die frischen Spinatblätter einrühren. Der Spinat fällt in etwa 3 bis 4 Minuten zusammen, danach können Sie den Gorgonzola einrühren und das Ganze mit Salz und Pfeffer würzen. Die Polenta anrichten und servieren. Wenn Sie gefrorenen Spinat nehmen, muss dieser schon früher (nach der ersten Portion Brühe) rein, die Garzeit dauert dann etwas länger.

Tipp

Als Beilage passt Spinatpolenta perfekt zu gegrilltem Fisch oder Lammfleisch. Den Gorgonzola können Sie in diesem Fall weglassen, der Geschmack würde den feinen Fisch- oder Fleischgeschmack übertönen.

Knoblauchhuhn mit Baguette

Keine Angst vor der Menge Knoblauch in diesem Rezept, in der Schale gegart wird er wunderbar süß und weich!

Zutaten für 4 Hauptspeisen
4 Hühnerschenkel
Salz, Pfeffer
Butter und Olivenöl zum Anbraten
20 Knoblauchzehen in der Schale
etwa 6 Thymian- und 2 Rosmarinzweige
6 Salbeiblätter und 4 Lorbeerblätter
250 ml Weißwein

Die Hühnerschenkel gut salzen und pfeffern. Die Butter und das Öl in einem Schmortopf oder einer tiefen Pfanne mit Deckel erhitzen und die Schenkel darin rundherum goldgelb anbraten. Die Knoblauchzehen und die Kräuter dazugeben, mit dem Weißwein aufgießen und zugedeckt etwa 30 Minuten bei niedriger bis mittlerer Hitze schmoren. Sie können das Gericht auch zugedeckt im Backofen bei 180 °C schmoren. Servieren Sie dazu knusprige Baguette. Auch gedünstetes Gemüse nach Saison passt dazu!

Tipp

Für 4 bis 6 Personen können Sie auch ein ganzes Huhn schmoren. Reiben Sie es vorher innen mit Butter aus und stecken Sie Kräuter und Knoblauchzehen hinein. Die Garzeit dauert je nach Größe 45 Minuten bis eine Stunde. Das Huhn ist fertig, wenn der Fleischsaft, der bei der Garprobe herausläuft, klar ist.

Apfelsäckchen
mit Nüssen

Zutaten für 4 Stück
50 g Butter
2 Äpfel
1 EL Zucker
1 Hand voll Nüsse oder Kerne (Walnüsse, Mandeln, Haselnüsse oder Sonnenblumenkerne), grob gehackt
1 Prise Zimt
1 Stück Blätterteig oder Strudelteig

Die Butter in einem kleinen Topf zerlassen. Die Äpfel auf der groben Seite einer Reibe raspeln und mit Zucker, Zimt und Nüssen vermengen. Den Teig in vier Stücke schneiden (bei Blätterteig: vorher etwas auswalken), mit etwas Butter bestreichen und die Äpfel-Nuss-Mischung als kleine Haufen auf jedes Teigstück setzen. Formen Sie kleine Bettelsäckchen, indem Sie die vier Ecken der Teigstücke nehmen und über den Äpfeln zusammendrücken. Die Säckchen mit einem Küchengarn zusammenbinden und mit der restlichen Butter bestreichen. Bei 200 °C ca. 15 Minuten goldgelb backen und mit Staubzucker bestreut servieren.

Noch schneller

Lassen Sie den Teig weg und mischen Sie einfach ein oder zwei Esslöffel Jogurt unter die Apfel-Nuss-Mischung. Das macht auch als schnelles, gesundes Frühstück gute Figur! Im Winter können Sie die Äpfel kurz in einem Topf andünsten, in etwa fünf Minuten haben Sie damit einen bekömmlichen Magenwärmer.

Küchenablaufplan

Am Vortag

Leberpaté – Makrelenrillettes – Soufflémasse (in diesem Fall einfrieren!)

Bevor die Freunde kommen oder während sie Ihnen Gesellschaft leisten

1. Eine großen und einen kleinen Topf (für Artischocken bzw. Eier) mit Wasser zum Kochen aufstellen.
2. Zutaten für Soufflé abwägen und bereitstellen, Eier trennen und wieder einkühlen.
3. Förmchen für das Soufflé ausbuttern.
4. Den Teig für die Quiche machen.
5. Backofen vorheizen.
6. Artischocken und Eier in das kochende Wasser geben (Küchenuhr für die Eier auf 6 Minuten stellen).
7. *Leber putzen und Makrelenfilets entgräten.*
8. *Schalotten und Knoblauch hacken.*
9. *Makrelen und Leber in zwei Pfannen parallel zubereiten.*
10. *Kapern und Estragon hacken.*
11. *Petersilie für die Artischockensauce schneiden.*
12. *Leber aus der Pfanne in die Küchenmaschine geben, Flüssigkeit weiterkochen.*
13. *Makrelen vom Feuer nehmen und Rillettes fertig stellen.*
14. Sauce für Artischocken machen und nach den Artischocken sehen!
15. Quiche zubereiten und backen.
16. Schokolade und Butter in einem Topf zum Schmelzen auf den Herd stellen.
17. Leber mit der Sauce aus der Pfanne pürieren und abschmecken.
18. Weißbrot für Crostini aufschneiden und mit den restlichen Zutaten auf ein Backblech legen.
19. Backofen auf 200 °C herunterschalten und die Crostini über der Quiche knusprig backen.
20. Schokolade umrühren, Herd abdrehen.

Fertigstellen

Bis auf das Soufflé und den Scroppino ist alles fertig. Servieren Sie die ersten drei Gänge. Wenn die Quiche schon früher fertig ist, können Sie den Backofen abdrehen und die Quiche im Backofen warm halten (mit angelehnter Tür). Bevor Sie die Quiche servieren, heizen Sie den Backofen wieder für das Soufflé vor. Die Masse für das Soufflé müssen Sie frisch nach der Hauptspeise fertig machen und backen, wenn Sie die Soufflémasse nicht schon am Vortag eingefroren haben. Sie können die Wartezeit auf das Dessert verkürzen, indem Sie schon eine Runde Scroppino servieren! Stellen Sie für das Soufflé auf jeden Fall die Küchenuhr!

Gemütlich mit Freunden

Egal, wen Sie einladen, gemütlich sollte es immer sein. Da gibt es die besonderen Freunde, mit denen es am gemütlichsten ist – jene, die Ihre Blumen im Garten gießen, während Sie die Getränke holen und noch schnell die Petersilie schneiden, während Sie die Salatsauce machen. Hauptsache, alle fühlen sich wie zu Hause. Da kann auch kulinarisch gar nichts schief laufen. Und wenn doch: Wahre Freundschaft leidet nicht unter der einen oder anderen Küchenpanne.

Zwei Mal Crostini mit feiner Leberpâté und Makrelenrilletes

Unwahrscheinlich, dass Sie diese Vorspeisen zu Tisch tragen werden. Meistens staut es sich am Anfang des Abends in der Küche, also genießen Sie Crostini und Gesellschaft gleich dort, während Sie die letzten Vorbereitungen für das Abendessen treffen. Beide Aufstriche können Sie am Vortag zubereiten!

Feine Leberpâté

2 Schalotten, fein gehackt
250 g Butter
500 g Geflügelleber

je 125 ml Port- und Rotwein
1 Lorbeerblatt, 1 großer Thymianzweig,
1 Rosmarinzweig
Salz, Pfeffer

Die gehackten Schalotten in der Hälfte der Butter kurz andünsten, dann die geputzte Leber dazugeben und mit den Kräutern anbraten. Mit Port- und Rotwein ablöschen und ca. 10 Minuten weiter zugedeckt köcheln lassen. Die Leber aus der Pfanne nehmen und beiseite stellen, die restliche Flüssigkeit in der Pfanne auf etwa die Hälfte einreduzieren lassen. Dann die Leber, die Sauce aus der Pfanne und die restliche kalte Butter in der Küchenmaschine (ohne Kräuterzweige) ganz fein pürieren und mit Salz und Pfeffer abschmecken. Gleich in eine Schüssel umfüllen und servieren.

Makrelenrillettes

2 EL Butter
1 Zwiebel oder 2 Schalotten, fein gehackt
1 Knoblauchzehe, fein gehackt
500 g Makrelenfilets
125 ml Weißwein oder Noilly Prat
(französischer Vermouth)
1 EL Kapern, fein gehackt
1 Becher (125 g) Crème fraîche
1/2 Bd. Estragon oder Kerbel
Salz, Pfeffer
1 Prise Cayennepfeffer

Die Butter in einer Pfanne erhitzen und die Zwiebel bzw. Schalotten und den Knoblauch darin andünsten. Die Makrelenfilets von Gräten befreien und dazugeben. Kurz mitdünsten und mit dem Weißwein oder Vermouth ablöschen, dann die Flüssigkeit bei mittlerer Hitze einkochen lassen. Wenn die Flüssigkeit vollständig verdampft ist, nehmen Sie die Pfanne vom Herd und zerpflücken Sie die Makrelenfilets mit zwei Gabeln in grobe oder feine Stücke, ganz nach Belieben. Die Crème fraîche, die Kapern und die gehackten Kräuter unterrühren. Mit Salz und Pfeffer abschmecken und zu den Crostini servieren.

Tipp

Die Pâté können Sie auch im Voraus zubereiten. In diesem Fall braten Sie die Leber nur kurz an und nehmen sie gleich heraus, nachdem Sie den Rot- und Portwein zugegossen haben. Mixen Sie zwei Eier unter die Lebermasse und füllen Sie diese in eine Terrinenform um. Pochieren Sie die Pâté zugedeckt (mit Deckel oder Klarsichtfolie) etwa eine Stunde bei 100 °C im Wasserbad. Die Pâté dann auskühlen lassen und mindestens über Nacht kalt stellen. Wenn Sie das Ganze in Rexgläsern pochieren, können Sie die Pâté gut verschlossen bis zu vier Wochen im Kühlschrank aufbewahren. Die Pâté kann vor dem Pochieren mit Apfelscheiben und/oder danach mit Gelee von Sauerkirschen oder Preiselbeeren bedeckt werden.

Crostini

1 Baguette, in dünne Scheiben geschnitten
etwas grobes Meersalz (optional)
einige Thymianzweige (optional)
etwas Olivenöl

Die Baguettescheiben auf ein Backblech legen, mit dem Salz und den Thymianblättern bestreuen und mit Olivenöl beträufeln und im Backofen bei 180 bis 200 °C etwa 5 Minuten backen, bis sie goldgelb und knusprig sind.

Tipp

Wenn Sie die Rillettes am Vortag zubereiten, kochen Sie die Crème fraîche einmal kurz mit den zerpflückten Filets auf, nachdem die Flüssigkeit verdampft ist, und verfahren Sie sonst wie oben beschrieben. Geben Sie die Masse dann in ein verschließbares Stürzglas oder kleine, runde Formen und lassen Sie das Ganze über Nacht im Kühlschrank durchziehen und fest werden. Um die Rilletes vor dem Servieren auf Teller zu stürzen, tauchen Sie den Boden der Sturzgläser oder Formen ganz kurz in heißes Wasser.

Artischocken mit Sauce Gribiche

Der Convenienceersatz aus dem Glas funktioniert hier leider nicht: Sie brauchen frische Artischocken und vorzugsweise die größere runde statt der kleinen italienischen Sorte, denn da wird die Pflückarbeit mit viel Fleisch an den Blättern und einem großen Herzen belohnt! Auch als leichte Hauptspeise ist dieses Gericht ein Hit, denn eigentlich macht nur die Sauce etwas Arbeit. Die Artischocken brauchen zwar etwa 45 Minuten im kochenden Wasser, bis sie gar sind, aber kochen können sie ja allein. Außerdem können sie auch vorgekocht und kalt serviert werden.

Zutaten für vier Personen

4 Artischocken

Die Artischocken in reichlich Salzwasser etwa 45 Minuten kochen, bis sich die Blätter leicht abzupfen lassen. Danach eiskalt abschrecken, wenn Sie die Artischocken kalt servieren möchten, oder im heißen Wasser (mit abgedrehter Flamme) warm halten.

Sauce Gribiche

6 Eier, ca. 6 – 7 Minuten gekocht
3 EL Weißweinessig
2 TL Senf oder mehr nach Belieben
Salz, Pfeffer
9 EL Öl
1 Bd. Petersilie

Das Gelb der gekochten Eier mit Salz, Pfeffer, Senf und Essig gut verrühren. Das Öl langsam eingießen und dabei weiterrühren, sodass eine cremige Sauce entsteht. Das Eiweiß und die Petersilie fein hacken, unter die Sauce mengen und abschmecken.
Diese Sauce ist auch ein Klassiker für viele andere Gemüsesalate, z. B. Fisolen, Tomaten oder weiße Bohnen.

Anrichten

Da gibt es nicht viel zu tun: Jeder bekommt eine Artischocke (schneiden Sie den Stiel ganz kurz, dann können Sie die Artischocken auf die Teller stellen) und ein Schälchen mit Sauce. Die Blätter werden abgezupft und der untere fleischige Teil wird in die Sauce gedippt und abgeknabbert. Besteck brauchen Sie dann für das Artischockenherz, das Sie zuerst von dem Stroh befreien müssen.

Quiche – klassisch oder „nach Laune des Tages"

Eine Quiche ist immer ein dankbares Gericht. Mehl, Butter, Eier und Milch hat man meistens auf Lager und der restliche Belag kann wie bei einer Pizza je nach Belieben oder Kühlschrankinhalt variiert werden. Hier sind die klassische Variante aus dem Elsass und einige Vorschläge für Variationen angeführt.

Mürbteig

250 g Mehl
1 Ei
4 EL Milch
1 Prise Salz
130 g Butter

Das Mehl mit einer Mulde in der Mitte auf die Arbeitsfläche häufen. Die Milch mit dem Ei und dem Salz verquirlen und in die Mulde gießen, darauf die in Stücke geschnittene Butter geben und alles schnell zu einem geschmeidigen Teig verkneten. Den Teig in Klarsichtfolie einschlagen oder mit einem Küchentuch abdecken und kurz rasten lassen.

Belag

300 g geräucherte Speckwürfel oder -scheiben
4 Eier
je 150 ml Obers und Milch (oder 300 ml Milch)
Salz, Pfeffer
Muskatnuss, gerieben
Butter für die Form

Den Backofen auf 230 °C vorheizen. Eine Tarteform buttern, den Mürbteig ausrollen und die Tarteform damit auskleiden. Mit der Gabel einige Löcher einstechen, dann den Speck darauf verteilen. Die restlichen Zutaten gut verquirlen und auf den Tarteboden gießen. Die Quiche kommt nun auf die zweite Schiene von unten und nach 5 Minuten wird die Temperatur auf 200 °C reduziert. Nach einer weiteren knappen halben Stunde ist die Quiche fertig. Am besten noch warm mit einem frischen grünen Salat servieren.

Weitere Ideen für den Belag

Statt Speck können Sie Ihre Quiche auch mit anderen Zutaten belegen, trauen Sie sich einfach zu improvisieren! Hier einige Ideen:

- Lauch- oder Zwiebelringe, in etwas Olivenöl mit Kümmel angedünstet
- frischer oder geräucherter Lachs
- verschiedene Pilze, mit etwas Knoblauch und Kräutern angebraten
- angebratene Zucchinischeiben
- Blauschimmelkäse
- gedünsteter Spinat mit etwas Knoblauch

Weißes Schokosoufflé
mit Himbeeren

Vor Soufflés haben viele Heimköche Respekt, aber dieses Rezept gelingt eigentlich immer und sichert Ihnen bestimmt Beifall (denn auch die Gäste haben Respekt vor Soufflés).

100 g weiße Schokolade
30 g Butter
3 Eidotter
30 g Staubzucker
3 Eiklar
25 g Kristallzucker
2 EL Stärkemehl
100 g Himbeeren (TK-Himbeeren gehen auch!)
frische Himbeeren zum Garnieren

Tipp

Sie können die fertig befüllten Förmchen auch einfrieren und im tiefgekühlten Zustand in den Backofen schieben. Rechnen Sie dann mit einer etwas längeren Backzeit oder lassen Sie die Backzeit gleich und servieren Sie Ihr Dessert als „Zart schmelzendes Schokosoufflé", denn im Kern wird es noch etwas cremig sein. Das kommt auch immer gut an!
Statt weißer können Sie natürlich auch dunkle Schokolade nehmen.
Einen Tipp zum Schokoladeschmelzen finden Sie noch im Verführungsmenü!

Die weiße Schokolade in Stücke brechen und mit der Butter über Dampf schmelzen und danach etwas abkühlen lassen. Die Eidotter und den Staubzucker schlagen, bis die Masse hell und cremig ist. Das dauert etwa 3 bis 5 Minuten. Dann die Schoko-Butter-Masse – wenn sie etwa lippenwarm ist – unter die Eidottermasse rühren. Danach das Eiklar aufschlagen und den Zucker nach und nach einrieseln lassen. Verwenden Sie dazu unbedingt saubere Rührstäbe, denn Eiklar lässt sich nicht mehr aufschlagen, wenn auch nur geringe Spuren von Fett dazukommen.
Wenn Sie das Eiklar cremig aufgeschlagen haben (Test: Drehen Sie die Schüssel um – das Eiklar sollte dann drinnen bleiben!), mengen Sie etwa ein Drittel davon unter die Schokomasse. Dann heben Sie den restlichen Eischnee und das gesiebte Stärkemehl vorsichtig unter die Masse. Buttern Sie die benötigte Menge Souffléformen gut aus und teilen Sie die Himbeeren auf die Formen auf. Befüllen Sie die Formen zu etwa zwei Drittel mit der Soufflémasse. Die Soufflés sind nach ca. 20 Minuten bei 160 °C fertig.
Nun können Sie die Soufflés vorsichtig aus den Formen heben und auf Teller setzen. Das muss allerdings schnell gehen und allzu hitzeempfindlich sollten Sie auch nicht sein. Sie können sich das Leben leichter machen, indem Sie die Souffléformen einfach auf kleinen Tellern servieren und frische Himbeeren dazu reichen.

Scroppino

Vorsicht, Suchtgefahr! Rechnen Sie bei diesem flüssigen letzten Gang auf jeden Fall mit der drei- bis fünffachen Menge pro Person. Und damit, dass Ihre Gäste bei jedem weiteren Besuch den Scroppino schon als Aperitif verlangen werden.

Pro Person (bzw. für einen gemütlichen Abend zu sechst)
1 EL Zitronensorbet (2 l insgesamt)
1 ordentlicher Schuss Wodka (1 Flasche)
einige Blätter Minze (2–3 Bd.)
50 ml Frizzante oder Prosecco (2–3 Flaschen)

Alles im Mixbecher pürieren. Das müssen Sie natürlich nicht portionsweise machen und bei den Mengenverhältnissen brauchen Sie auch nicht penibel genau zu sein. Mischen Sie nach Ihrem Geschmack mehr von der einen oder anderen Zutat dazu. Spätestens nach der dritten Runde machen Sie es aus dem Gefühl. Wenn Sorbet und Frizzante knapp werden, strecken Sie einfach mit Wodka.

Küchenablaufplan

Spontan bedeutet, es wird alles erst gemacht, wenn der Hunger sich einstellt. Dieses Menü nimmt weitaus weniger Zeit als zwei Stunden für die Vorbereitung in Anspruch!

Vorbereiten

1. Zwiebeln oder Schalotten hacken.
2. Knoblauch hacken – für Suppe und Pasta.
3. Suppentopf mit Öl und Butter erhitzen.
4. Zucchini und Kartoffeln reiben.
5. Zutaten für Suppe andünsten, dann aufgießen.
6. Großen Topf mit Wasser für die Pasta zum Kochen aufstellen.
7. Kirschtomaten halbieren.
8. Basilikum hacken, alle Zutaten marinieren.
9. Gemüse für Fisch oder Kräuter für Fleisch schneiden.
10. Alupäckchen mit Fisch oder Saltimbocca vorbereiten.
11. Alle Vorspeisen in Schüsseln füllen und servieren.
12. Backofen für Fisch vorheizen.
13. Nudeln ins Wasser geben (Küchenuhr stellen).
14. Suppe fertig stellen, abschmecken und servieren.
15. Fisch in den Backofen geben (Küchenuhr auf 20 Minuten stellen).
16. Pinienkerne anrösten, mit Tomaten und Pasta mischen und servieren.
17. Fisch servieren oder Saltimbocca anbraten und servieren.
18. Butter und Zucker schmelzen, Obst schneiden, karamellisieren und flambieren.

SPONTAN

Wenn der Nachmittagsbesuch sich ungeplant in den Abend verlängert oder spontaner Besuch vor der Tür steht, hat man nicht unbedingt ein volles Menü geplant, um seine Gäste zu verköstigen. Da müssen Vorratskammer und Kühlschrank herhalten und oft hat man dann auch ohne geplanten Großeinkauf doch mehr auf Vorrat, als man meint. Hier sind einige Vorschläge, wie Sie aus (fast) nichts fünf Gänge zaubern können, die auch für den Alltag unkomplizierte und schnelle Gerichte sind!

Oliven, Kapern, Käse und gutes Brot

Oliven und Kapern sollte man immer vorrätig haben und Parmesan, Pecorino oder Feta sind meistens auch vorhanden. Es muss ja nicht immer gekocht werden und kompliziert sein und in diesem Fall erwarten sich Ihre Gäste kaum eine allzu aufwändige Speisenfolge. Richten Sie alles in Schüsseln oder auf einem großen Teller an, beträufeln Sie den Käse mit bestem Olivenöl und servieren Sie ein gutes Brot dazu.

Mit mehr Zeit Kräuterfocaccia

Wenn Sie möchten, machen Sie doch eine Focaccia selbst. Das geht einfacher, als man annehmen möchte, und schafft immer Eindruck!

Teig

500 g Mehl
2 TL Salz
1–2 EL getrocknete Kräuter der Provence
350 ml warmes Wasser
2 EL Olivenöl
2 EL Trockenhefe
Olivenöl zum Bestreichen
grobes Meersalz und
Thymian oder Rosmarin (optional) zum Bestreuen

Für den Teig das Mehl mit dem Salz und den Kräutern in eine Schüssel geben und in der Mitte ein Mulde machen. Das warme Wasser und Olivenöl hineingießen und die Hefe drüberstreuen. Abdecken und 10 Minuten zugedeckt stehen lassen. Den Teig vermengen und auf der bemehlten Arbeitsfläche 5 bis 10 Minuten gut kneten. Dann mindestens eine halbe Stunde gehen lassen (die Teigkugel sollte doppelt so groß werden), nochmals gut durchkneten und den Teig in eine geölte Tarteform drücken. Weitere 10 Minuten rasten lassen, mit Olivenöl bestreichen und mit Thymian und grobem Meersalz bestreuen und mit einer Gabel gleichmäßig Löcher in den Teig stechen. Bei 200 °C ca. 40 bis 45 Minuten backen.

Tipp

Sie können die Focaccia auch füllen. Dieses Rezept hat sich als Beilage für Grillpartys oder als Begleitung zu Wein so sehr bewährt, dass ich von meinen Gästen immer wieder danach gefragt werde. Bei der Füllung können Sie Ihre Kreativität spielen lassen. Hier ist ein Vorschlag:

500 g Kirschtomaten, halbiert
1 Knoblauchzehe, fein gehackt
1 Bd. Basilikum, gehackt
2 Hand voll geriebener Käse,
z. B. Emmentaler oder Mozzarella
Frühlingszwiebeln und/oder schwarze Oliven
nach Belieben, grob gehackt
Salz, Pfeffer, Olivenöl

Vermengen Sie alle Zutaten, während der Brotteig geht und lassen Sie alles durchziehen. Drücken Sie die Hälfte des Teiges in die Form, verteilen Sie die Fülle darauf und legen Sie den Rest des ausgerollten Teiges darüber. Drücken Sie die Ränder gut an, damit sich der Teig einigermaßen mit der unteren Teigschicht verbindet und verfahren Sie weiter wie im Rezept.

Schnelle Zucchinisuppe

Diese Suppe mache ich mir oft aus „Gemüse nach Kühlschrankangebot", wenn ich abends schnell etwas Warmes brauche und keine Lust habe, lange in der Küche zu stehen.

2 große Zucchini
1 große Kartoffel
1 kleine Zwiebel oder 1–2 Schalotten
1 Knoblauchzehe nach Belieben
etwas Olivenöl und 1 EL Butter
reichlich frische Kräuter (zur Not aus der TK-Truhe)
1 l Wasser oder Brühe
Salz, Pfeffer
evtl. Crème fraîche

Die Zucchini waschen und die Kartoffel schälen und beides auf der groben Seite einer Reibe raspeln. Zwiebeln bzw. Schalotten und Knoblauch fein hacken und im erhitzten Olivenöl-Butter-Gemisch kurz andünsten. Das Gemüse und die Hälfte der fein gehackten Kräuter zugeben und 2 bis 3 Minuten weiterdünsten. Mit Wasser oder Brühe aufgießen und 5 bis 10 Minuten köcheln lassen. Mit Salz und Pfeffer abschmecken und mit den restlichen frischen Kräutern und etwas Crème fraîche servieren. Sie können die Suppe auch mit dem Stabmixer pürieren und als Cremesuppe servieren.

Tipp

Sie können auch Karotten, Knollensellerie oder Kohlrabi verwenden und die Kräuter nach Laune variieren.

Pasta mit Kirschtomaten, Basilikum und Pinienkernen

Das ist wohl das schnellste Pasta-Rezept nach „aglio olio" und im Sommer, wenn die Tomaten so reif sind, das sie schon fast platzen, ein wahrer Hochgenuss. Wenn Sie Ihre eigenen Kirschtomaten auf dem Balkon oder im Garten haben, umso besser. Dann können Sie Ihre Gäste zur Ernte schicken, während Sie den Knoblauch und das Basilikum schneiden.

500 g Kirschtomaten
1 Bd. Basilikum, die Blätter in feine Streifen geschnitten
1–2 Knoblauchzehen, fein gehackt (auf keinen Fall gepresst!)
Salz, Pfeffer
reichlich Olivenöl
500 g Pasta (Linguine, Spaghetti oder Tagliatelle)
1 Hand voll Pinienkerne
Parmesan zum Garnieren

Halbieren Sie die Kirschtomaten und vermischen Sie diese mit dem Knoblauch, dem Basilikum, Salz, Pfeffer und dem Olivenöl. Lassen Sie die Tomaten so einige Zeit (so viel Sie haben!) marinieren.

Kochen Sie die Linguine in Salzwasser al dente. Währenddessen rösten Sie die Pinienkerne in einer Pfanne auf kleiner Hitze, bis sie zu duften beginnen, dann geben Sie die Tomaten mit dem Olivenöl dazu und schwenken alles mit der Pasta gut durch. Die Tomaten sollten zwar warm, aber nicht gekocht sein, denn das Gute an diesem Rezept ist der Geschmack der frischen Tomaten! Mit Parmesanspänen servieren.
Edel wird dieser Zwischengang mit hausgemachter Basilikumpasta und Parmesantalern. Den Pastateig können Sie gut einige Stunden vorher machen und im Kühlschrank aufbewahren.

Basilikumpasta

3 Eier
4 EL Olivenöl
4 EL Wasser
1 Bd. Basilikum
300 g griffiges Mehl oder Hartweizengrieß

Mixen Sie Eier, Olivenöl, Wasser und Basilikum im Mixbecher gut durch. Häufen Sie das Mehl auf die Arbeitsfläche und machen Sie eine Mulde in die Mitte. Die Eier-Basilikum-Mischung nach und nach einfließen lassen und dabei mit dem Mehl verrühren. Dann mit einer Teigkarte durchhacken, sodass die Eier einigermaßen gleichmäßig mit dem Mehl vermengt sind und sich leichter verkneten lassen. Kneten Sie den Teig gut durch. In Klarsichtfolie einschlagen und mindestens 30 Minuten im Kühlschrank rasten lassen.
Mit der Pastamaschine zu Linguine oder Tagliatelle verarbeiten und maximal 3 Minuten in reichlich Salzwasser kochen.

Parmesantaler

6 EL geriebener Parmesan

Auf ein mit Backpapier ausgelegtes Backblech 6 Häufchen Parmesan setzen und flach drücken. Den Backofen auf Grillfunktion schalten und die Parmesantaler etwa 4 Minuten unter dem Grill backen, bis sie goldgelb und knusprig sind. Kurz auskühlen lassen und auf die fertige Pasta setzen.

Der Hauptgang?

Ganz ehrlich – wer unangekündigt zum Essen bleibt, kann eigentlich nicht erwarten, dass Sie fünf Gänge aus dem Ärmel schütteln. Also können Sie getrost die Pasta zum Hauptgang machen und alle werden glücklich sein.

Wenn Sie dennoch bei einem spontanen Menü eine „pièce de résistance" einbauen möchten, müssen Sie wohl improvisieren, sofern der Supermarkt ums Eck schon geschlossen hat. Der Tiefkühler bringt vielleicht noch einige Fischfilets zum Vorschein (verwenden Sie diese dann aber nur, wenn Sie sich ungefähr erinnern, wie lange sie schon darin wohnen, und das auch vertreten können), oder Sie hatten ohnehin ein Paar Hühnerbrüste eingekauft. Damit lässt sich schon was machen! Hier sind zwei Vorschläge für schnelle und einfache Hauptspeisen unter dem Arbeitstitel „Filet" – einmal Fisch und einmal Fleisch.

Fisch in der Folie

Dampfgaren ist eine einfache Variante, Fisch aromatisch zu garen. Dazu brauchen Sie lediglich etwas Weißwein, Butter oder Öl, Salz, Pfeffer und ein paar frische Kräuter und Alufolie. Und den Fisch natürlich. Mit einigen Zitronenscheiben und etwas Gemüse in feine Streifen geschnitten, können Sie zusätzliche Aromen in Ihre Filets bringen. Eine Anregung:

1 Karotte
1 Stange Sellerie
etwas Grün einer Stange Lauch
1 kleines Stück Fenchel
etwas Olivenöl
Lachsfilets
Salz, Pfeffer
einige Scheiben einer unbehandelten Zitrone
wahlweise Thymian oder Estragon oder andere Kräuter
1–2 EL Butter oder Crème fraîche
etwas trockener Weißwein

Schneiden Sie das Gemüse in feine Streifen. Wenn es schnell gehen soll: Reiben Sie es auf der groben Seite der Reibe! Bereiten Sie pro Portion ein ausreichend großes Stück Alufolie oder ein großes Stück für alle Filets vor. Bestreichen Sie die Folie mit Olivenöl und verteilen Sie das Gemüse auf die gewünschten Portionen. Die Filets auf das Gemüse legen, mit Salz und Pfeffer würzen, mit den Zitronenscheiben und den Kräutern belegen und etwas Butter oder Crème fraîche darauf geben. Schlagen Sie die Folie ein, sodass oben eine Öffnung bleibt, von unten aber keine Flüssigkeit auslaufen kann, und gießen Sie etwas Weißwein oben hinein (ein Schuss genügt!).

Nun die Fischpakete gut verschließen und etwa 15 bis 20 Minuten, je nachdem wie groß die Filets sind, bei 180°C im Backofen garen. Die Filets auspacken und mit dem Gemüse auf Tellern anrichten. Für ungezwungene Runden können Sie natürlich die verschlossenen Pakete, so wie sie sind, zu Tisch tragen, machen Sie aber trotzdem eine Stichprobe, ob der Fisch ausreichend gegart und nach Ihrem Geschmack gewürzt ist.

Saltimbocca

Die Grundidee ist: Kalbsfilet, Prosciutto, Salbei. Das Fleisch können Sie mit Huhn oder Pute variieren, die Kräuter ebenso: Rosmarin, Thymian oder Basilikum passen genauso. Zusätzlich können Sie das Fleisch mit Zitronensaft und -zeste, hauchdünnen Knoblauchscheiben und Olivenöl marinieren. Irgendeine dieser Zutaten hat man immer daheim, zur Not greifen Sie zu getrockneten und tiefgekühlten Kräutern. Man wird es Ihnen nachsehen. Folgende Variante entstand, als die Grillsaison spontan – anlässlich unerwartet schönen Wetters – eröffnet wurde. In der Pfanne geht das genauso!

3 Hühnerfilets
Salz, Pfeffer
Zeste einer unbehandelten Zitrone
Rosmarin
Thymian
Salbei
6 Scheiben Prosciutto
Olivenöl

Die Hühnerfilets halbieren und auf einem Brett mit Klarsichtfolie bedecken. Mit einer kleinen Pfanne oder einem Topf (ich habe keinen Schnitzelklopfer zu Hause) flach klopfen. Mit wenig Salz – da der Prosciutto selbst salzig ist – und Pfeffer würzen und die Zitronenzeste darauf verteilen. Ein Blatt Salbei, einige Nadeln Rosmarin und etwas Thymian auf jedes Stück verteilen, ein Blatt Prosciutto darauf legen. Die Filetstücke über die Hälfte falten und mit einem Zahnstocher fixieren. Mit Olivenöl beträufeln und auf dem Grill oder in einer heißen Pfanne auf beiden Seiten etwa 5 Minuten anbraten. Zugedeckt bei kleiner Hitze etwa 5 Minuten nachgaren lassen.
Mit einem guten Salat und Weißbrot ein schnelles und leichtes Essen.

Flambiertes Obst

Die einfachsten Dinge sind oft die besten und wenn Sie gerade einen prall gefüllten Obstkorb daheim haben, stellen Sie ihn einfach auf den Tisch, so wie er ist. Alternativ können Sie Folgendes anbieten:

4 EL Zucker
etwa 50 g Butter
4–6 Stück Obst (Äpfel, Bananen, Pfirsiche, Zwetschken…)
1 guter Schuss Cointreau oder Grand Marnier

Den Zucker in einer Pfanne schmelzen, dann die Butter dazugeben. Das Obst, in Stücke geschnitten, hinzufügen und rundherum anbraten. Mit dem Orangenlikör ablöschen, kurz aufkochen lassen und anzünden (Vorsicht vor der Stichflamme!).
Richten Sie das Obst auf Tellern an und verteilen Sie den Karamell darauf. Falls Sie Vanilleeis in der Tiefkühltruhe haben: Das passt perfekt dazu!

Mit mehr Zeit…

…und einer Packung Blätterteig können Sie das Rezept zu einer Tarte Tatin mit Obst Ihrer Wahl weiterverarbeiten. Das Original sieht Äpfel vor, ob es mit Blätter- oder Mürbteig besser schmeckt, da scheiden sich die Geschmäcke. Ich behaupte, Mürbteig ist besser, aber praktischer ist natürlich fertiger Blätterteig. Heizen Sie den Backofen auf 200 °C vor. Buttern Sie eine Tarteform großzügig aus, verteilen Sie das flambierte Obst in der Form und legen Sie eine Schicht ausgerollten Mürb- oder Blätterteig darüber. Den Teig am Rand gut in die Form drücken und mit etwas flüssiger Butter bestreichen. Für 15 bis 20 Minuten backen und danach auf einen Teller stürzen.

Küchenablaufplan

Am Vortag

Gratiniermasse für das Lamm – Mozzarella in Pesto marinieren – Tomatensuppe – Panna Cotta

Bevor die Gäste kommen

1. Backofen auf 100 °C vorheizen.
2. *Gelatine für Panna Cotta einweichen.*
3. *Obers mit Aromaten zum Aufkochen auf den Herd stellen.*
4. *Gratiniermasse für das Lamm zubereiten und einfrieren.*
5. *Mozzarella im Pesto marinieren.*
6. *Schalotten oder Zwiebeln und Knoblauch für die Suppe hacken.*
7. *Nach dem Obers sehen! Wenn es kocht, fertig stellen und einkühlen.*
8. *Suppe zustellen und köcheln lassen.*
9. Melonenkugeln ausstechen und marinieren.
10. Marinade für die Calamari zubereiten.
11. Calamari putzen und gesalzen kalt stellen.
12. Mozzarellaspieße vorbereiten (inkl. panieren) und bereithalten.
13. Gemüse für das Lamm schneiden und auf dem Backblech verteilt bereitstellen.
14. Lammkoteletts anbraten und in einer Auflaufform bereitstellen.
15. Feigen in Scheiben schneiden und in einer Tarte- oder Auflaufform bereithalten.
16. *Suppe pürieren und abschmecken.*
17. Salbei schneiden.
18. Lammkoteletts mit Gratiniermasse belegen und bereithalten.

Fertigstellen

1. Prosciutto aus dem Backofen nehmen, Temperatur auf 180 °C erhöhen und Gemüse in den Backofen schieben.
2. Salbei anbraten, Melonen schwenken, mit Prosciutto anrichten und servieren.
3. Suppe erhitzen, Mozzarellaspieße anbraten und Suppe servieren.
4. Calamari braten.
5. Gemüse aus dem Backofen nehmen, Backofen auf Grillfunktion stellen.
6. Calamari servieren.
7. Lammkoteletts gratinieren und mit dem Gemüse servieren.
8. Feigen unter Grill karamellisieren, in der Zwischenzeit Panna Cotta stürzen und servieren.

MEDITERRAN

Sommer am Balkon? Keine Lust auf noch eine Grillparty? Gute und keineswegs ausschließliche Gründe, sich und seine Gäste mit diesem Menü in den Süden zu entführen. Gerade die mediterran inspirierte Küche beweist wie kaum eine andere, dass auch mit wenigen guten Zutaten ein maximaler Effekt möglich ist!

Warmer Melonensalat mit Prosciutto

12 Scheiben Prosciutto
je 1 Zucker- und Honigmelone
500 g Wassermelone
1–2 EL weißer Balsamessig nach Belieben
etwa 3 EL bestes Olivenöl
Pfeffer (am besten grüner)
etwas Salbei

Den Backofen auf 100 °C vorwärmen und die Prosciuttoscheiben auf ein Backblech mit Backpapier legen. Den Prosciutto etwa 1 Stunde im Backofen knusprig werden lassen.

Mit einem kleinen Löffel oder, noch besser, einem Parisienneausstecher Kugeln aus den Melonen ausstechen und in einer Schüssel mit dem Balsamessig, 2 EL Olivenöl und dem Pfeffer aus der Mühle vermengen. Die Salbeiblätter in feine Streifen schneiden.

Wenn der Prosciutto knusprig ist, erhitzen Sie eine ausreichend große Pfanne und braten die Salbeistreifen kurz in etwas Olivenöl an, bis sie beginnen zu duften. Dann die Melonenkugeln kurz in der Pfanne mit den Salbeistreifen schwenken.

Den Salat entweder portionsweise auf Tellern mit je 2 Scheiben Prosciutto anrichten oder in eine große Salatschüssel geben, die Prosciuttoscheiben in kleine Stücke brechen und auf die Melonen streuen. Tun Sie das aber erst im letzten Moment, damit der Prosciutto bis zum Servieren knusprig bleibt.

Wenn Sie Balsamessiggelee (Zubereitung siehe „Kulinarische Verführung", S. 88) vorrätig haben, können Sie etwas davon in kleine Stücke zerteilen und zum Salat geben.

Tipp

Statt mit Prosciutto und Salbei können Sie den Salat auch mit Garnelen und Estragon servieren. Salzen Sie die Garnelen und geben Sie etwas Zitronensaft beim Braten dazu. Wenn die Garnelen gar sind, geben Sie den Estragon und die Melonen dazu und schwenken alles gut durch.

Tipp

Die Suppe können Sie vorkochen und die Spieße ebenfalls vorbereiten. Diese können Sie dann im letzten Moment anbraten, während Sie die Suppe erwärmen.

Tomatensuppe mit gebratenem Mozzarella am Spieß

Sie können sich natürlich die Arbeit machen, 1 kg frische Sommertomaten zu schälen und zu entkernen.
Oder Sie sparen sich die Zeit und nehmen Tomatenpassata aus dem Glas (Bio! Schmeckt besser und beruhigt das Gewissen, wenn man denn schon „schummelt").
Für den Fall, dass Sie letztere Option wählen, ist das Rezept auf diese zugeschnitten.

2 Schalotten oder 1 Zwiebel
1 Knoblauchzehe
einige frische Thymian- und Rosmarinzweige
etwas Olivenöl und Butter
1 EL Zucker
700 ml Tomatenpassata
500 ml Gemüse- oder Hühnerbrühe
1/2 Bd. Basilikum
Salz, Pfeffer

Mozzarellaspieße

18 Mozzarellakugeln
(gibt es in den meisten Supermärkten, alternativ können Sie normalen Mozzarella in Würfel schneiden)
3 EL Pesto
3 EL Semmelbrösel
12 Kirschtomaten
24 St. Basilikumblätter

Zuerst die Mozzarellakugeln oder -würfel für die Spieße mit dem Pesto vermischen und beiseite stellen.
Für die Suppe Schalotten oder Zwiebel und Knoblauch fein hacken, mit Rosmarin und Thymian in Olivenöl und Butter bei mittlerer Hitze kurz andünsten. Den Zucker dazugeben und etwa 5 Minuten weiterdünsten, bis der Zucker aufgelöst ist. Dann die passierten Tomaten, die Brühe und eine gute Prise Salz dazugeben und ca. 15 Minuten einkochen lassen. Zum Schluss die Rosmarin- und Thymianzweige herausnehmen, das Basilikum dazugeben und mit dem Mixstab pürieren. Mit Salz und Pfeffer abschmecken.

Während die Suppe kocht, können Sie mit den Mozzarellaspießen weitermachen. Wälzen Sie die marinierten Kugeln in den Semmelbröseln und stecken Sie diese abwechselnd mit Kirschtomaten und Basilikumblättern auf Grillspieße. Braten Sie die Spieße in einer heißen Pfanne mit Olivenöl rundherum an, bis die Mozzarellakugeln Farbe annehmen. Zu lange sollten sie nicht in der Pfanne sein, denn der Mozzarella soll erst zerlaufen, wenn der Spieß über der Suppenschüssel angerichtet ist.

Mit mehr Zeit
Hausgemachtes Pesto

Pesto sollte man für die schnelle Pasta oder als Würzmittel für Suppen, Saucen oder Gemüse immer im Kühlschrank haben. Es gibt akzeptable bis sehr gute Pestos zu kaufen, also können Sie sich hier Zeit sparen. Wenn Sie es aber einmal selbst hergestellt haben, ist es wahrscheinlich, dass Ihnen kein anderes mehr schmeckt! Außerdem ist Pesto eine gute Möglichkeit, übrig gebliebene Kräuter oder die Sommerernte vom Garten zu verarbeiten, und mit Olivenöl bedeckt können Sie Ihr Pesto bis zu zwei Wochen im Kühlschrank aufbewahren.

1 Bd. Basilikum (oder andere einzelne oder gemischte Kräuter)
1 Hand voll geriebenen Parmesan oder reifen Pecorino
1 Hand voll geröstete Pinienkerne (probieren Sie auch andere Nüsse)
1–2 gehackte Knoblauchzehen (geht auch ohne)
1 TL Salz
Pfeffer nach Belieben
etwa 150–200 ml gutes Olivenöl (je nach gewünschter Konsistenz)

Pürieren Sie alle Zutaten im Mixbecher oder mit einem Pürierstab. Schmecken Sie es ab und geben Sie nach Gefühl mehr von der einen oder anderen Zutat dazu. Genau genommen sollte man alle Zutaten im Mörser zerkleinern, aber – ehrlich gesagt – diese Arbeit können Sie sich sparen, denn geschmacklich macht es keinen Unterschied, wie Sie Ihr Pesto kleinkriegen!

Und nun noch ein Tipp für ganz Gewissenhafte

Wenn Sie auf frische Tomaten bestehen, weil gerade Hochsommer ist und die marktfrische Variante tatsächlich nach mehr schmeckt als Dosentomaten, brauchen Sie ca. 1,5 kg davon. Diese können Sie folgendermaßen schälen: Ritzen Sie die Haut der frischen Tomaten kreuzweise ein und blanchieren Sie die Tomaten etwa 1 Minute. Die Tomaten danach mit eiskaltem Wasser abschrecken und die Haut abziehen. Dann können Sie die Tomaten vierteln und entkernen und die Tomatenstücke, so wie sie sind, in der Suppe weiterkochen. Püriert wird die Suppe ohnehin später.

Calamari mit Zitronen-vinaigrette

700 g Calamari (alternativ: Garnelen)
Salz

Zitronenvinaigrette

Saft einer Zitrone
1 Knoblauchzehe, gehackt
1/2 Bd. Petersilie, gehackt
3 EL Olivenöl
Salz, schwarzer Pfeffer

Die Calamari putzen (das kann auch der Fischhändler für Sie machen) und gut waschen, dann salzen und bis zur weiteren Verwendung zugedeckt kalt stellen. Die Zutaten für die Vinaigrette verrühren und ebenfalls bereitstellen.
Eine Grillpfanne (vorzugsweise eine gerillte) erhitzen und etwas Olivenöl hineingeben. Die Calamari etwa 5 Minuten von allen Seiten anbraten, bis sie Farbe annehmen und dann in eine Schüssel oder auf einen Servierteller geben und mit der Vinaigrette vermischen.
Servieren Sie dazu knuspriges Weißbrot oder Crostini.

Lammrücken mit Kräuterkruste und gegrilltem Ratatouille-Gemüse

Gemüse

2 kleine Zucchini, in 1 cm dicke Scheiben geschnitten
je 2 rote und gelbe Paprika, in Achtel geschnitten und entkernt
1 Aubergine, in 1 cm dicke Scheiben geschnitten
6 Frühlingszwiebeln, längs halbiert
250 g Kirschtomaten auf der Rispe
6 Knoblauchzehen in der Schale
einige Rosmarin- und Thymianzweige
grobes Meersalz, Pfeffer
Olivenöl

Verteilen Sie alle Zutaten auf ein mit Backpapier belegtes Backblech, mit Meersalz und Pfeffer würzen und beträufeln Sie alles großzügig mit Olivenöl. Grillen Sie das Gemüse etwa 30 bis 45 Minuten bei 180 °C im Backrohr.

Lammkoteletts

12–18 Lammkoteletts (2–3 Stück pro Person)
Salz, Pfeffer
1 Knoblauchzehe
je 1 Thymian- und Rosmarinzweig
Öl zum Anbraten

Gratiniermasse

80 g Semmelbrösel
100 g Butter (Zimmertemperatur)
150 g Feta, in kleinen Würfeln
1 EL geriebener Parmesan
1 Hand voll gemischte Kräuter (etwa: Rosmarin, Thymian, Salbei, Oregano, Petersilie, Basilikum), fein gehackt

Butter, Brösel, Käse und Kräuter zu einer glatten Masse verrühren. Formen Sie aus der Masse auf einem großen Stück Klarsichtfolie eine Rolle, die Sie mit der Klarsichtfolie gleich einwickeln und einkühlen, bis die Masse schnittfest ist (etwa 1 Stunde).
Die Koteletts salzen und pfeffern und in einer heißen Pfanne mit Olivenöl mit der mit einer flachen Messerklinge zerdrückten Knoblauchzehe und den Kräutern auf beiden Seiten ganz kurz scharf anbraten.
Die Gratiniermasse in Scheiben schneiden und die Koteletts damit belegen. So lange unterm Grill überbacken, bis die Kruste schön braun und knusprig ist.

Mit mehr Zeit
Ratatouille

Ratatouille ist ein Klassiker aus Südfrankreich und kalt oder warm, als Beilage oder vegetarisches Hauptgericht ein ausgezeichnetes Sommeressen. Die Zubereitung bedarf etwas mehr Aufmerksamkeit als die der gegrillten Variante, dafür kann die Ratatouille am Vortag gekocht werden. Sie wird dadurch nur besser!

1 große Aubergine
2 Zucchini
je 2 grüne und rote Paprika
ca. 750 g sehr reife Tomaten
1 große Zwiebel, fein gehackt
Olivenöl
1 Lorbeerblatt, einige Rosmarin- und Thymianzweige
1 Bd. Petersilie, fein gehackt
Salz, Pfeffer

Die Aubergine in etwa 1 bis 2 cm große Würfel schneiden, mit 1 TL Salz vermischen und mindestens eine halbe Stunde ziehen lassen. Die Zucchini und die entkernten Paprika ebenfalls in Würfel schneiden, die Tomaten je nach Größe in Viertel oder Achtel schneiden.
Die Zwiebel in einem großen Topf in Olivenöl glasig dünsten. Die Flüssigkeit, die durch das

Salzen aus den Auberginen getreten ist, mit Küchenpapier abtupfen und die Auberginen zu den Zwiebeln geben. Eventuell etwas Olivenöl nachgießen, die Kräuter (außer der Petersilie) einrühren und ca. 5 bis 10 Minuten dünsten. Dann die Zucchini und nach 15 Minuten die Paprika dazugeben. Alles immer wieder umrühren. Nach wiederum einer viertel Stunde die Tomaten unterrühren und noch etwa 30 Minuten köcheln lassen, bis die Sauce etwas eindickt. Dabei immer wieder umrühren. Die Tomaten und die Auberginen verschmelzen nach längerem Kochen zu einer sämigen Sauce. Vor dem Servieren die frische, fein gehackte Petersilie einrühren.

Tipp

Sie können die Koteletts im Voraus anbraten und auf das Backblech legen und erst kurz vor dem Servieren mit der Gratiniermasse belegen und überbacken. Wenn Sie auch das Gemüse schon vorher grillen, können Sie es zugleich (eine Schiene tiefer) mit den Koteletts in den Backofen geben, um es aufzuwärmen. Das Gemüse kann auch kalt als Beilage oder Antipasto serviert werden, also keine Angst vor Resten, machen Sie am besten gleich mehr davon!

Lavendel-Panna Cotta
mit karamellisierten Feigen

8 Blatt Gelatine
1 l Obers
100 g Zucker
1 Vanilleschote, längs halbiert
6–8 blühende Lavendelzweige
(nach Belieben auch mehr oder weniger davon)
3 Feigen
2–4 EL Staubzucker

Die Gelatine in eiskaltem Wasser einweichen. Das Obers mit dem Zucker, der Vanilleschote und den Lavendelzweigen 5 Minuten leicht köcheln lassen. Die eingeweichte Gelatine in das heiße Obers einrühren und anschließend durch ein feines Sieb gießen. In 6 bis 8 kleine Gläser oder Dariolformen füllen und mindestens 4 Stunden zugedeckt kühlen.

Die Feigen können Sie auch schon einige Zeit im Voraus in dünne Scheiben oder Achtel aufschneiden und diese nebeneinander in eine Auflauf- oder Tarteform legen. Mit Staubzucker bestreuen und kurz vor dem Servieren die Form unter den Grill schieben, bis der Zucker beginnt zu karamellisieren.

Stürzen Sie die Panna Cotta auf kleine Teller. Das geht am einfachsten, wenn Sie die Förmchen oder Gläser ganz kurz in warmes Wasser tauchen. Richten Sie die karamellisierten Feigen rundherum an.

Mit blühenden Lavendelzweigen garniert schaut das Dessert besonders schön aus.

Tipp

Wenn Sie einen Gasflämmer haben (gibt es im Baumarkt!), geht das Karamellisieren der Feigen noch leichter: Bestreuen Sie die Feigenscheiben gut mit Staubzucker und halten Sie die Flamme über die Feigen, bis der Zucker goldgelb ist. Das verwenden die Profis auch für Crème brûlée.

Küchenablaufplan

Am Vortag

Apfelchutney – Karottensuppe – Salatsauce – Orangen-Kardamom-Tarte

Bevor die Gäste kommen

1. Einen großen Topf mit Salzwasser aufstellen und erhitzen.
2. Orangensaft für die Tarte zum Einreduzieren aufstellen.
3. Grüne Bohnen und Tomaten waschen.
4. Koriander und Petersilie hacken und in zwei Schälchen bereithalten.
5. Grüne Bohnen in kochendes Wasser geben – Küchenuhr auf 10 Minuten stellen.
6. *Inzwischen Teig für Tarte machen.*
7. Grüne Bohnen aus dem Wasser nehmen, kalt abschrecken, Kartoffeln in demselben Wasser kochen.
8. *Butter für Tartefülle zum Schmelzen aufstellen und Backofen auf 180 °C vorheizen.*
9. *Chutney zubereiten und Köcheln lassen.*
10. Kartoffeln aus dem Wasser nehmen, Eier kochen und schälen.
11. *Karotten schälen/schneiden und andünsten, Schalotten hacken, Ingwer reiben. Tartefülle zusammenmischen*
12. *Tarteform auskleiden und blindbacken.*
13. *Weitere Zutaten zur Suppe geben, dann aufgießen.*
14. *Tarteboden füllen und weiterbacken (Küchenuhr stellen!).*
15. Kaninchenspieße und Marinade vorbereiten, vermengt kalt stellen.
16. Garnelen putzen und panieren, kalt stellen.
17. Couscous zubereiten und beiseite stellen.
18. Salsa für Kaninchen machen.
19. Tunfisch schneiden und in Kräuter-Gewürz-Mischung wälzen, kalt stellen.
20. Salatsauce mischen und mit Salatzutaten vermengen.
21. *Chutney abfüllen.*

Fertigstellen

1. Suppe aufwärmen und mit Limette abschmecken.
2. Garnelen herausbacken und mit dem Chutney anrichten, servieren.
3. Suppe servieren.
4. Tunfisch braten, mit Salat anrichten und servieren.
5. Kaninchenspieße braten, in den Backofen geben, Couscous anrösten und servieren.
6. Tarte anrichten und servieren.

COSMOPOLITAN

Fernweh? Dann holen Sie sich doch die Welt auf den Teller. Wenn sich einige Zutaten und Ideen länderübergreifend zu gelungenen Kombinationen zusammenfinden, umso besser, denn die wahren Reisen sind im K(ocht)opf. Wenn Sie wissen, dass Ihre Gäste einigermaßen über die Provenienz der folgenden Zutaten informiert sind und keine Scheu vor fremden Geschmäcken und Koriander haben, können Sie mit diesem Menü wirklich punkten.

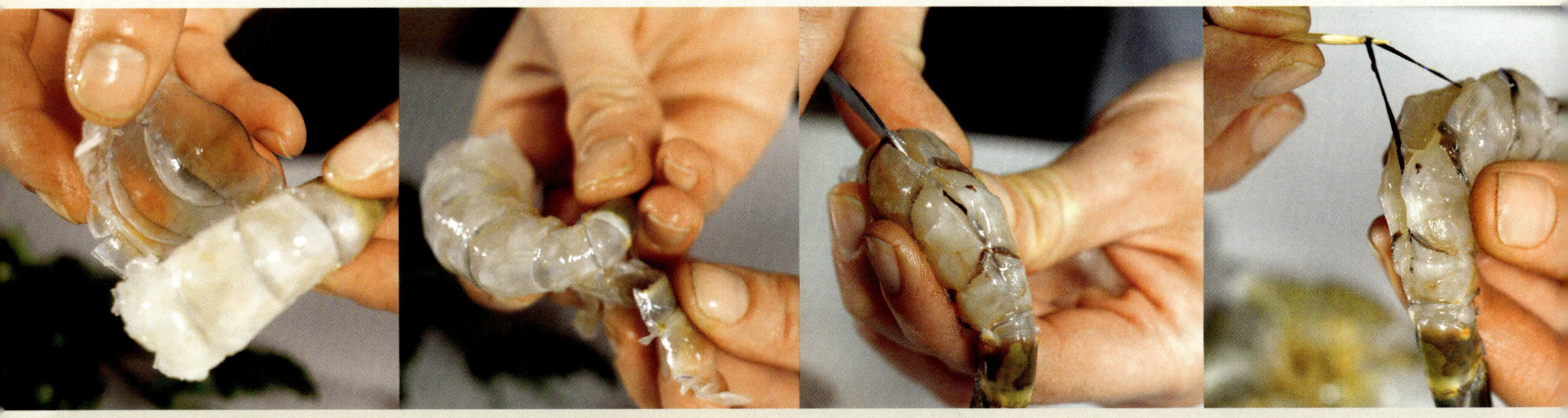

Knusprige Petersiliengarnelen
mit Apfelchutney

Garnelen

12 große Garnelen, roh mit Schale und ohne Kopf
2 EL Petersilie, gehackt
1 EL Kartoffelstärke
2 Eiklar
Salz
Öl

Die Garnelen bis zur Schwanzflosse von der Schale befreien, am Rücken einschneiden, den Darm entfernen und bis zur Schwanzflosse halbieren. Petersilie mit Kartoffelstärke und etwas Salz mischen, Garnelen durch das Eiklar ziehen und in der Petersilien-Stärke-Mischung wälzen. Bis hier können Sie die Garnelen vorbereiten und mit Klarsichtfolie abgedeckt im Kühlschrank aufbewahren. Vor dem Servieren müssen Sie die Garnelen dann nur noch etwa 2 Minuten in heißem Öl knusprig braten (nicht zu dunkel!) und kurz auf Küchenkrepp abtropfen lassen.

Das Apfelchutney klingt nach mehr Arbeit, als es ist. Die Menge ist für diese Vorspeise natürlich viel zu groß – Sie brauchen nur etwa einen 1 EL davon pro Person – aber Sie können den Rest in Marmeladegläser abfüllen und im Kühlschrank bis zu sechs Wochen aufbewahren. Darüber werden Sie sich immer wieder freuen, denn das Chutney passt auch hervorragend zu Fleisch oder Käse. Liegen Ihnen Ihre Gäste sehr am Herzen, können Sie ihnen ja auch je ein kleines Glas Chutney zum Mitnehmen schenken.

Tipp

Sie müssen frischen Ingwer nicht schälen, es genügt, wenn Sie ihn sehr gründlich waschen. Und statt den Ingwer lange klein zu hacken, reiben Sie den Ingwer einfach auf einer feinen Reibe. Die Ingwerfasern, die auf der Reibe hängen bleiben, können Sie entsorgen. Sie sind ohnehin für manche schwer verdaulich und haben keinen Geschmack.

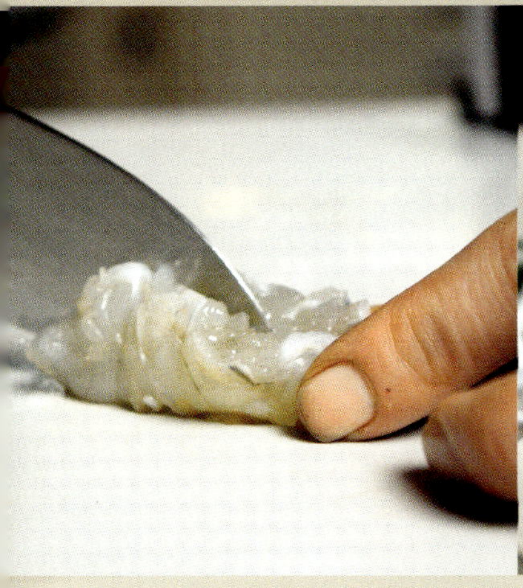

Apfelchutney

150 ml Apfelessig
2 EL frischer Ingwer, gerieben
je 1 EL Kreuzkümmel und Koriandersamen, geröstet und zerstoßen
4 rote Chilischoten, entkernt und in feine Streifen geschnitten oder
2 TL Chilipulver (die Schärfe können Sie ganz nach Ihrem Geschmack variieren)
2 TL Salz
100 g Kristallzucker
1 kg Äpfel, geschält und geraspelt

Essig, Zucker, Salz und Gewürze in einem Topf zum Kochen bringen, dann die geriebenen Äpfel unterheben und etwa 30 Minuten sanft köcheln lassen. Rühren Sie dabei regelmäßig um, damit das Chutney nicht ansetzt. Nachdem es eingedickt ist, etwas auskühlen lassen und in saubere, verschließbare Gläser abfüllen. Bewahren Sie Ihr Chutney an einem kühlen Ort auf. Wenn das Chutney einige Tage durchgezogen hat, schmeckt es noch besser, aber ich habe auch schon Gäste gehabt, die es gerne direkt aus dem Kochtopf gelöffelt haben.

Tipp

Wenn Sie keine Kokosmilch mögen oder finden (gibt es allerdings schon in den meisten Supermärkten), können Sie die Suppe auch mit derselben Menge Brühe kochen und vor dem Pürieren etwa 100 ml Obers hinzufügen. Das macht die Suppe sämiger.

Karotten-Kokos-Suppe
mit Ingwer und Koriander

1 EL Butter und etwas Öl zum Andünsten
500g Karotten, geschält und in Scheiben geschnitten
1 EL brauner Zucker
2–3 EL frischer Ingwer, gerieben (siehe Tipp)
2–3 Schalotten, fein gehackt
2 Stangen Zitronengras (optional)
250ml Gemüse- oder Hühnerbrühe
1 Dose Kokosmilch (700ml)
frischer Koriander
Salz, grüner Pfeffer
Saft und Zeste einer unbehandelten Limette

Butter und Öl in einem Topf erhitzen und die Karotten darin etwa 5 bis 10 Minuten mit 1 EL Zucker andünsten und ab und zu umrühren. Den geriebenen Ingwer und die Schalotten dazugeben und 2 bis 3 Minuten weiterdünsten. Wenn Sie Zitronengras verwenden, dieses längs auseinander schneiden und mit dem Messerrücken andrücken (so entfaltet sich das Aroma besser) und ebenfalls mitdünsten. Dann mit der Brühe und der Kokosmilch aufgießen, etwas Salz und 2 EL gehackten Koriander dazugeben und etwa 15 Minuten sanft kochen, bis die Karotten weich sind. Das Zitronengras wieder entfernen und die Suppe mit dem Pürierstab oder im Mixbecher pürieren, mit Salz, Pfeffer und dem Limettensaft abschmecken.
Mit der Limettenzeste und dem frisch gemahlenen grünen Pfeffer garniert servieren.

Thunfisch in Koriander-Kruste
auf Salade niçoise

Kurz gebratener Tunfisch ist ein richtiger Blender: Er schaut sensationell aus und macht eigentlich kaum Arbeit. Geschmacklich hält er dafür immer, was er verspricht! Bei der Kruste können Sie sich austoben: Limettensaft, Chili und Koriander oder Sesam und Meersalz sind zwei Varianten, die ich immer wieder gerne mache – auch zum Grillen. Viel gelobt wurde auch schon die Koriander-Pfeffer-Kruste in Kombination mit dieser abgewandelten „Salade niçoise"-Variante.

Salat

500g Fisolen
6 Babykartoffeln mit der Schale
12 Wachteleier
12 Kirschtomaten
3 EL Petersilie

Die Fisolen putzen, waschen und ca. 10 Minuten in Salzwasser bissfest kochen, danach aus dem Wasser nehmen und mit kaltem Wasser abschrecken (so bleiben die Fisolen bissfest und behalten ihre grüne Farbe). Die gut geschrubbten Kartoffeln in demselben Wasser 15 Minuten bissfest kochen und ebenfalls herausnehmen. Zuletzt die Wachteleier in das kochende Wasser und nach 4 Minuten in eine Schüssel mit eiskaltem Wasser geben. Die Eier schälen und beiseite stellen, die Kartoffeln und die gewaschenen Tomaten halbieren und in eine Schüssel mit den Fisolen und der gehackten Petersilie geben.

Sauce

Salz, Pfeffer
1 TL Dijonsenf
2 EL Weißweinessig
6 EL gutes Olivenöl

Salz, Pfeffer, Senf und Essig gut verrühren und das Öl unter ständigem Rühren einfließen lassen. Zum Salat geben und vorsichtig vermengen. Kurz bevor Sie den Thunfisch anbraten, halbieren Sie die Wachteleier und richten Sie mit dem Salat auf 6 Tellern an.

Thunfisch

600 g frischer Thunfisch am Stück (möglichst nicht das dünne Ende des Filets)
1 EL schwarzer Pfeffer
2 EL Koriandersamen
1 EL grobes Meersalz
4 EL frischer Koriander, grob gehackt
etwas Öl zum Anbraten

Den Thunfisch der Länge nach in 6 Stücke, etwa 3 cm dick, schneiden. Pfeffer und Koriandersamen grob zerstoßen und mit den restlichen Zutaten auf einem großen Teller vermischen. Die Thunfischstücke in den Gewürzen wälzen und dabei leicht andrücken. So weit können Sie den Thunfisch vorbereiten und mit Folie abgedeckt im Kühlschrank auch einige Stunden aufbewahren. Kurz vor dem Servieren: Eine Pfanne erhitzen, das Öl hineingeben und den Thunfisch kurz und scharf auf allen Seiten anbraten, sodass die Stücke außen gar und innen rosa sind.
Legen Sie den Thunfisch auf ein Schneidbrett und schneiden Sie jedes Stück schräg in zwei Stücke. Auf den Tellern mit dem Salat anrichten und gleich servieren.

Variation

Noch exotischer wird der Salat mit einer Sauce aus etwas Zitronensaft, Salz, Pfeffer und Argan-Öl, das aus den Früchten des marokkanischen Argan-Baumes gewonnen wird. Es ist teuer und eher rar, aber wenn Sie an neuen Geschmackserlebnissen interessiert sind, probieren Sie es unbedingt aus!

Tipp

Wenn Sie eine größere Party bekochen, greifen Sie auf das klassische Salade-niçoise-Rezept zurück und verwenden Sie Dosenthunfisch und geviertelte, hart gekochte Hühnereier. Diese Variante können Sie einige Stunden im Voraus zubereiten.

Kaninchen-Zimt-Spieß
mit Honig auf Couscous

Ein Hauch von Marokko kommt mit dieser Hauptspeise auf den Tisch. Im Vergleich zu den Schmorgerichten mit Fleisch und Trockenfrüchten ist die gebratene Version schnell und unkompliziert. Dazu passt eine Salsa aus einer roten und einer gelben Paprika, einer grünen Mango, etwas Minze – alles fein gehackt –, abgeschmeckt mit Limettensaft, etwas Sesamöl, frischem Pfeffer und 1 Prise Salz.

6 Kaninchenfilets (à ca. 100 g),
in je 3 Würfel geschnitten
(bei weniger Gängen die doppelte Menge)
1 rote Paprika oder 12 getrocknete Marillen,
in zwölf Stücke geschnitten
3 EL Honig
2 EL Sojasauce
6 längere Zimtstangen (etwa 10 cm lang)
2 TL Szechuanpfeffer (optional:
normaler Pfeffer geht auch), grob zerstoßen
etwas Öl zum Anbraten

Couscous

300 g Couscous
50 g Butter
100 g Rosinen
50 g Mandeln, grob gehackt
Zeste einer unbehandelten Zitrone, gerieben
1 Prise Zimt
Salz, Pfeffer
300–500 ml heiße Brühe oder Wasser

Ersatz

Statt Kaninchen können Sie auch Hühner- oder Putenfleisch nehmen.

Mit einem kleinen Messer Löcher in die Kaninchenwürfel und Paprikastücke oder Marillen schneiden und je drei Stück Fleisch und zwei Marillen oder Paprikastücke abwechselnd auf eine Zimtstange stecken. Honig, Sojasauce und Pfeffer verrühren, die Spieße in die Marinade legen und zugedeckt einkühlen.

Den Couscous mit den restlichen Zutaten in eine Schüssel geben und mit 300 ml kochendem Wasser oder heißer Brühe übergießen, einmal umrühren und zugedeckt ziehen lassen. Nach etwa 5 bis 10 Minuten mit einer Gabel mögliche Klumpen zerdrücken und den Couscous auflockern, dann abschmecken.

Bis hier können Sie alles einige Stunden vorher vorbereiten! Etwa 15 Minuten vor dem Servieren heizen Sie den Backofen auf 180 °C vor. Eine Pfanne mit etwas Öl erhitzen, die Spieße darin gut anbraten, bis sie goldbraun sind und zum Schluss die restliche Marinade zugießen und einmal aufkochen lassen. Alles in eine Bratform geben und im heißen Backofen etwa 5 bis 10 Minuten nachgaren. In der Zwischenzeit den Couscous in derselben Pfanne (nicht auswaschen!) anrösten und eventuell etwas mehr Brühe oder Wasser zugießen, wenn er Ihnen zu trocken vorkommt.

Den Couscous mit den Kaninchenspießen anrichten und servieren!

Mit mehr Zeit

Und nun eine geschmorte Variante mit Lamm, die auch nicht allzu aufwändig ist. Sie können dieses Tajine-Rezept ohne Probleme am Vortag zubereiten und aufwärmen. Wesentlich ist die Gewürzmischung „ras el hanout'", die Sie fertig kaufen oder selbst mischen können. Da sind gewisse Freiheiten gestattet, denn „ras el hanout" heißt „Chef des Ladens" und jeder Händler mischt sich seine ganz individuelle Mischung. Hier ist ein Vorschlag:

1 TL Kreuzkümmelsamen
1 EL Koriandersamen
1/2 TL schwarze Pfefferkörner
1/2 TL Gewürznelken
1/2 TL Kardamomsamen (ohne Kapsel)
1 große Prise Safran
1 TL Ingwerpulver
1 Prise Cayennepfeffer
1/3 TL Muskatnuss, frisch gerieben
4 getrocknete Rosenknospen
1 TL getrockneter Thymian
1 Zimtstange

Alle Gewürze trocken anrösten, bis sie zu duften beginnen, dann im Mörser zerstoßen. Mahlen Sie gleich eine größere Menge auf Vorrat. Gut verschlossen und dunkel gelagert, bleibt die Mischung mehrere Monate aromatisch. Die Zimtstange kann übrigens auch unzerstoßen im Gericht mitgekocht werden.

Tajine

für 4 Personen
800 g Lammfleisch (Schulter oder Schlögel, in Ragoutstücke geschnitten)
2–3 EL „ras el hanout"
50 ml Olivenöl
8–12 kleine Schalotten, geschält
200 g Trockenpflaumen
Wasser
Salz
1 EL Honig
1 Hand voll gehobelte Mandeln

Das Lammfleisch, die Gewürzmischung und einen 1 TL Salz in einem Schmortopf gut vermischen und langsam (ohne Öl) erhitzen. Sobald die Gewürze zu duften beginnen, das Öl und die Schalotten dazugeben und einige Minuten anbraten. Mit Wasser bedecken, die Pflaumen dazugeben und etwa 1 Stunde zugedeckt auf kleiner Flamme schmoren, bis das Fleisch weich ist. Mit Salz und Pfeffer und 1 EL Honig abschmecken und mit Mandelblättern bestreut zu Couscous servieren.

Orangen-Kardamom-Tarte

Teig

100 g weiche Butter
1 Ei
100 g Zucker
1 Prise Salz
250 g Mehl

Butter, Ei, Zucker und Salz mit dem Handmixer gut verrühren. Das Mehl dazugeben und zu einem glatten Teig verkneten. Gleich in eine gut gebutterte Tarteform drücken, sodass diese ganz mit dem Teig ausgekleidet ist. Den Teig mit einer Gabel einstechen und 30 Minuten zugedeckt kalt stellen. Danach den Teigboden mit Backpapier auslegen und mit getrockneten Hülsenfrüchten beschweren. Bei 180 °C ca. 15 Minuten blind backen, danach die Hülsenfrüchte und das Papier entfernen und kurz auskühlen lassen.

Orangen-Kardamom-Fülle

300 ml Orangensaft, frisch gepresst
6 aufgebrochene Kardamomkapseln (mit der Schale)
1 Scheibe Ingwer
Zeste einer unbehandelten Orange, gerieben
4 Eier
150 g Puderzucker
100 g Crème fraîche
50 g Butter, zerlassen
Samen von 3 Kardamomkapseln (ohne Schale), gemahlen

Den Orangensaft mit den 6 Kardamomkapseln und der Ingwerscheibe auf die Hälfte einkochen und durch ein Sieb seihen. Die Zeste der Orange dazugeben und etwa 10 Minuten auskühlen lassen. Die Eier mit dem Zucker gut verrühren, die Crème fraîche, die flüssige Butter und den eingekochten Orangensaft samt Zeste unterrühren. In den blind gebackenen Teigboden füllen und noch etwa 25 bis 30 Minuten bei 180 °C backen, bis die Creme gestockt ist. Das können Sie feststellen, indem Sie die Tarteform leicht rütteln. Wenn die Creme sich nicht bewegt, ist Ihre Tarte fertig. Decken Sie die Tarte während des Backens mit Alufolie ab, falls Sie schon zu braun wird. Die Tarte gut auskühlen lassen und eventuell kalt stellen, so lässt sie sich auch besser schneiden.

Servieren Sie die Tarte nach Belieben ganz schlicht mit etwas Staubzucker und mit Orangenfilets oder Physalis und Minze garniert oder probieren Sie nebenstehenden Tipp aus.

Mit mehr Zeit

Mit einer dünnen Karamellschicht schindet diese Tarte besonderen Eindruck. Kochen Sie dafür 150 g Zucker mit 150 ml Wasser auf, bis der Zucker goldgelb ist. Das dauert etwa 10 Minuten. Falls der Zucker eintrocknet, gießen Sie mehr Wasser dazu (immer nur wenig auf einmal). Gießen Sie das Karamell über die gut gekühlte Tarte. Das Karamell wird dann nach etwa 10 Minuten fest. Alternativ können Sie einfach ein paar Physalis karamellisieren, indem Sie die Früchte kurz durch das Karamell ziehen und auf Backpapier trocknen lassen.

Küchenablaufplan

Am Vortag

Topinambursuppe bis aufs Obers – Kürbiskernmischung und Kürbiskernpesto – Paprikasaucen

Bevor die Gäste kommen

1. *Schalotten für Suppe und Paprikasaucen hacken.*
2. *Paprika schneiden und beide Paprikasaucen.*
3. *Topinambur waschen, schneiden*
4. *Suppe aufsetzen und köcheln lassen.*
5. Gemüse für den Zander schälen, schneiden und bereitstellen.
6. *Zutaten für Kürbiskernkruste rösten und zerkleinern.*
7. Zander panieren und abgedeckt kalt stellen.
8. *Kürbiskernpesto zubereiten.*
9. *Paprikasaucen pürieren, passieren und bereithalten.*
10. Butter für Strudelblätter zum Schmelzen aufstellen und Backofen auf 180°C vorheizen.
11. Marillen schneiden und marinieren, Crumbleteig zubereiten.
12. Strudelblätter für Blunzenlasagne zubereiten und backen.
13. Blunzenscheiben in Semmelbröseln wenden und bereitstellen.
14. Apfelscheiben vorbereiten und zugedeckt bereitstellen.
15. Küken zerteilen und anbraten, Schenkel 15 Minuten im Backofen schmoren.
16. Bratwanne mit Schenkeln aus dem Backofen nehmen, Brüste darauf legen und bereitstellen.
17. Tarteform mit den Zutaten für den Crumble füllen und bereitstellen.
18. Topinamburchips frittieren, abtropfen und bereitstellen.
19. Gemüse für den Zander bissfest garen und bereitstellen.

Fertigstellen

1. Suppe auf kleiner Flamme zum Aufwärmen aufstellen.
2. Blunzen und Äpfel braten, Krenschaum zubereiten, Lasagne anrichten und servieren.
3. Topinamburchips kurz im Backofen aufwärmen.
4. Suppe pürieren, mit Obers verfeinern und servieren.
5. Wasser für Gnocchi aufstellen.
6. Gemüse für Zander aufwärmen und Zander garen.
7. Paprikasaucen auf kleiner Flamme zum Aufwärmen aufstellen.
8. Stubenküken in den Backofen geben, evtl. etwas Fond oder Wasser nachgießen,
9. Zander anrichten und servieren.
10. Gnocchi kochen.
11. Stubenküken aus dem Backofen nehmen, Crumble hineingeben.
12. Hauptspeise anrichten und servieren.
13. Crumble servieren.

Wirtshaus updated

Hausmannskost affine Gäste können schwierig zu bekochen sein, wenn Sie selbst den Anspruch haben, mehr als Eiernockerln oder Schnitzel zu servieren. Nichts gegen Hausmannskost, aber diese Kunst muss man im Blut – und keine Angst vor Schmalz und Speck – haben, damit man mit Klassikern trumpfen kann. Bleiben Sie also für bodenständige Gäste mit den Zutaten daheim und machen Sie Ihr eigenes Ding draus. So können Sie überraschen, ohne Ihre Gäste zu befremden.

Blunzen-Apfel-Lasagne
mit Krenschaum

Lasagne

100 g Butter
2 Blatt Strudelteig
2 EL geriebener Parmesan
etwas Öl für die Form
2 große säuerliche Äpfel
18 Scheiben Blutwurst („Blunze")
3 EL Semmelbrösel
Salz, Pfeffer

Schaum

250 ml Obers
1 Schuss Weißwein
1 TL Kren oder Wasabi (japanische Krenpaste – gibt es in Tuben im Asiashop und auch schon in den meisten Supermärkten)
Salz, Pfeffer
Kren, frisch gerieben, und
Pfeffer zum Garnieren (beides optional)

Den Backofen auf 180 °C vorwärmen. Die ButDen Backofen auf 180 °C vorwärmen. Die Butter in einem kleinen Topf schmelzen und ein Blatt von dem Strudelteig mit der Hälfte der Butter bestreichen. Den Parmesan darauf verteilen und frischen Pfeffer darüber reiben. Das zweite Blatt Strudelteig darauf legen und andrücken. Mit der restlichen Butter bestreichen,mit einer runden Ausstechform oder Tasse (mit dem Durchmesser der Blunzenscheiben) in mindestens 24 runde Stücke ausstechen und diese auf einem Backblech mit Backpapier etwa 5 Minuten backen, bis sie goldgelb sind. Das Kerngehäuse aus den Äpfeln herausstechen und die Äpfel in Scheiben schneiden (etwa so dick wie die Blunzenscheiben). Mit derselben Ausstechform wie vorhin den Rand der Apfelscheiben ausstechen (so ist die Schale auch gleich mit weg).
Die Blunzenscheiben in den Semmelbröseln wenden und in einer Pfanne mit heißer Butter oder heißem Öl mit den Apfelscheiben auf beiden Seiten je 1 bis 2 Minuten braten. Die Strudelblätter- sowie Apfel- und Blunzenscheiben auf Vorspeisentellern abwechselnd, beginnend mit einem Strudelblatt, übereinander schichten.
Für den Krenschaum alle Zutaten mit dem Mixstab halbflüssig aufmixen und abschmecken, auf die Blunzenlasagne löffeln und nach Belieben mit etwas frisch geriebenem Kren und Pfeffer garnieren.

Mit mehr Zeit
Wasabi-Sabayon

So luftig und schaumig wie ein Sabayon ist kaum eine Sauce, allerdings brauchen Sie einen fitten Unterarmmuskel und etwas Geduld, um ein Sabayon aufzuschlagen. Außerdem müssen Sie ein Gefühl für die Temperatur haben, denn wenn das Sabayon zu heiß wird, haben Sie innerhalb weniger Sekunden eine Omelette in der Rührschüssel. Aber: Es lohnt sich, also probieren Sie es mal aus.

65 ml trockener Weißwein
3 Eidotter
1 TL Wasabi
etwas Salz und Pfeffer

Füllen Sie einen Topf etwa zu einem Drittel mit Wasser und bringen Sie das Wasser zum Sieden. Verrühren Sie die Zutaten in einer Schüssel, die etwas größer als der Topf ist. Sie sollte nicht im Wasser stehen! Setzen Sie die Schüssel auf den Topf und schlagen Sie das Ganze mit einem Schneebesen zu Schaum. Das dauert mindestens 12 Minuten, der Schaum sollte dann cremig und einigermaßen stabil sein! Wenn Sie zu früh aufhören zu schlagen, sinkt der Schaum sehr schnell wieder in sich zusammen und dann war die ganze Mühe umsonst, also durchhalten!

Topinambursuppe mit Zimt und Chips

Topinambur ist eines dieser vergessenen und wieder entdeckten Gemüse, das sehr vielfältig eingesetzt werden kann: Püree, Chips, Röstgemüse, Suppe – eigentlich alles, was Sie mit Kartoffeln machen, ist mit diesen Knollen auch möglich. Es ist etwas weniger stärkehaltig als Kartoffeln (daher können Sie das Püree ohne Bedenken im Mixer pürieren, es wird dadurch nicht klebrig) und überrascht durch einen leichten Artischockengeschmack, der auch sehr gut zu feinem Fisch passt.

2 Schalotten, gehackt
Butter zum Andünsten
500 g Topinambur, in Stücke geschnitten (geschält oder ungeschält – siehe Tipp!)
125 ml trockener Weißwein
500 ml Hühner- oder Gemüsebrühe
Obers nach Belieben
1 Prise Zimt
etwas gemahlener Piment nach Belieben
Salz, Pfeffer

Die Schalotten in heißer Butter andünsten und die Topinamburstücke dazugeben und mitdünsten. Nach etwa 5 Minuten mit dem Weißwein ablöschen und aufkochen lassen. Die Brühe dazugeben und etwas 15 Minuten dünsten, bis die Topinambur weich sind. Nun alles im Mixer pürieren und nach Belieben und gewünschter Konsistenz mit Obers verfeinern. Mit Zimt, Piment, Salz und Pfeffer abschmecken.
Wenn Sie Ihre Suppen gerne fein mögen, passieren Sie alles durch ein Sieb. Ich bin meistens zu bequem und mag die Suppen auch lieber mit etwas mehr Körper.

Topinamburchips

2 Topinamburknollen
1–2 EL Mehl
Öl zum Frittieren
Salz

Die Topinambur mit der Schale in hauchdünne Scheiben schneiden. In etwas Mehl wenden und in heißem Öl goldgelb frittieren. Auf Küchenpapier abtropfen lassen und etwas salzen. Sie können die Chips im Backofen bei ca. 80 °C warm halten oder kurz vor dem Servieren im 200 °C heißen Backrohr 5 Minuten aufwärmen. Die Suppe mit den Chips servieren.

Ersatz

Sie können die Topinambur durch Knollensellerie oder Pastinaken ersetzen. Lassen Sie den Zimt weg, schmecken Sie stattdessen bei der Sellerie mit Trüffelöl und bei den Pastinaken mit Nussöl ab.

Tipp

Wenn Sie die Topinambur gut waschen, müssen Sie sie nicht unbedingt schälen, die Schale ist gut verträglich. Sie wirkt sich lediglich auf die Farbe der Suppe aus. Für eine schöne weiße Suppe müssen Sie die Knolle schälen, mit der Schale bekommt die Suppe eine eher bräunliche Farbe. Sie könnten in diesem Fall natürlich argumentieren, dass der Zimt Schuld an der Farbe ist, aber Kenner werden es Ihnen nicht glauben.

Zander mit Kürbiskernkruste und Gemüse

Eigentlich mache ich dieses Gericht am liebsten mit Steinbutt, aber nachdem wir hier auf heimischem Boden bleiben wollen, nehmen wir Zander. Er ist leichter zu bekommen und etwas günstiger. Achten Sie darauf, dass Sie dickere Filets bekommen, damit der Fisch beim Braten nicht zu schnell trocken wird.

Gemüse

500 g Kürbis (Hokkaido oder Muskat)
4 Pastinaken (das Gemüse kann nach Belieben und Saison variiert werden)
Butter zum Andünsten
1 EL Zucker
Thymian
1 Schuss Balsamessig
Salz, Pfeffer

Das Gemüse in kleine Würfel schneiden. Die Butter schmelzen und den Zucker hinzufügen, dann das Gemüse und den Thymian dazugeben und glacieren. Mit Balsamessig ablöschen und zugedeckt bei kleiner Hitze weich (aber nicht zu weich!) dünsten. Mit Salz und Pfeffer abschmecken.

Zander

6 schöne Zanderfilets (à ca. 100 g, mit Haut)
6 EL Kürbiskerne
1 EL schwarze Pfefferkörner
6 Thymianzweige
1 EL Fleur de Sel
50 g Butter, zerlassen
1 Eidotter
Öl zum Braten
1 Knoblauchzehe, zerdrückt

Die Kürbiskerne mit den Pfefferkörnern, den abgerebelten Blättern der Thymianzweige und dem Fleur de Sel in einer Pfanne ohne Öl rösten, dann in der Küchenmaschine oder in einem Mörser grob zerkleinern.
Butter mit Eidotter vermischen und die Zanderfilets auf der Hautseite damit bestreichen (oder einfach in die Butter-Eidotter-Mischung hineintauchen). Anschließend in die Kürbiskerne legen und diese gut andrücken. Auf der Hautseite in Öl (Knoblauchzehe beigeben) anbraten, bis eine Kruste entsteht. Danach im Backofen bei 100 °C etwa 5 Minuten gar ziehen lassen.
Auf dem Kürbis-Pastinaken-Gemüse anrichten und nach Belieben mit Kürbiskernpesto garnieren.

Mit (ganz wenig) mehr Zeit
Kürbiskernpesto

Die übrigen gehackten Kürbiskerne für die Fischkruste zurück in den Mixer geben, mit etwas Petersilie, Olivenöl und Kernöl gut mixen. Fertig!

Paprikahuhn vom Stubenküken

Paprikasauce

je 3 rote und gelbe Paprika
4 Schalotten, gehackt
einige Thymianzweige
etwas Brühe
Salz, Pfeffer
etwas Cayennepfeffer
Öl und Butter zum Andünsten

Die Paprika in Stücke schneiden. In zwei verschiedenen Töpfen Schalotten mit Thymian in Öl oder Butter andünsten, die gelben und roten Paprikastücke getrennt mit etwas Brühe zugedeckt weich dünsten. Die Paprika getrennt im Mixbecher oder mit dem Purierstab fein pürieren und durch ein Sieb streichen. Zum Schluß die Saucen mit Salz, Pfeffer und Cayennepfeffer abschmecken und bis zur weiteren Verwendung bereithalten.

3 Stubenküken
Salz, Pfeffer
gemahlener Paprika
Butter zum Anbraten
4 Knoblauchzehen
einige Rosmarin- und Thymianzweige
einige Pfeffer- und Pimentkörner
2–3 Lorbeerblätter
250 ml Hühner- oder Gemüsebrühe
6 kleine Schalotten

Die Küken in Beine, Flügel und Filets zerteilen, oder – besser noch – lassen Sie das Ihren Fleischhändler machen. Reiben Sie alle Fleischstücke mit Salz, Pfeffer und etwas Paprika ein.
Braten Sie vorerst die Schenkel in einer Pfanne, bis sie goldgelb sind. Legen Sie die gebratenen Schenkel dann in eine Bratwanne mit etwas Thymian, Rosmarin, 2 zerdrückten Knoblauchzehen, den Schalotten und Lorbeer, geben Sie etwas Brühe dazu und braten Sie die Schenkel im Backofen bei 180 °C ca. 20 Minuten fertig. Gießen Sie bei Bedarf immer wieder etwas Brühe nach.

In der Zwischenzeit die Brüste und Flügel in derselben Pfanne mit den restlichen Knoblauchzehen, ebenfalls zerdrückt, goldgelb anbraten. Mit Alufolie abdecken und etwa 8 bis 10 Minuten rasten lassen, bis die Schenkel fertig sind. Brüste, Schenkel und Flügel auf den Paprikasaucen anrichten, mit Gnocchi servieren.

Mit mehr Zeit Majorangnocchi

600–700 g mehlige Kartoffeln
4 Eidotter
120 g griffiges Mehl
1 Bd. Majoran
Muskat, Salz
Butter zum Schwenken

Die Kartoffeln waschen und mit der Schale bei 180 °C im Backrohr garen, danach halbieren und etwas auskühlen lassen. Die Majoranblätter abzupfen und mit dem Eidotter, Muskat und Salz aufmixen. Nun die Kartoffeln aushöhlen und ohne Schale durch eine Kartoffelpresse drücken. Sie brauchen etwa 400 g Püree. Dieses

nun mit der Mischung und dem Mehl zu einem Teig kneten und zu Gnocchi weiterverarbeiten. Der Teig kann gekühlt bis zu einer halben Stunde rasten, sollte aber besser gleich verwendet werden.

Die fertigen Gnocchi in reichlich kochendem Salzwasser etwa 3 Minuten garen. Sie sind fertig, wenn sie an der Wasseroberfläche schwimmen. Vor dem Servieren in einer Pfanne mit etwas zerlassener Butter schwenken.

Sehr praktisch: Sie können die fertigen Gnocchi ungekocht einfrieren und direkt vom gefrorenen Zustand in das kochende Salzwasser geben. Die Garzeit verlängert sich dann um etwa 3 Minuten.

Ersatz

Natürlich können Sie normales Huhn nehmen, da sollte ein Schenkel pro Person reichen. Bereiten Sie es wie die Stubenkükenschenkel zu, die Garzeit dauert insgesamt etwa 35 bis 40 Minuten.

Marillen-Mandel-Crumble

Sie müssen Marillen ja nicht immer verknödeln, ein Crumble geht schneller und funktioniert mit allen möglichen Früchten und Beeren.

750g Marillen, entkernt und geviertelt
2–3 EL Zucker
Mark einer Vanilleschote
1 EL Stärkemehl

Zutaten vermengen und mindestens 30 Minuten ziehen lassen.

Crumble

75g Zucker
100g Butter
150g Mehl
1 Prise Salz
75g Mandeln, grob gehackt oder gehobelt

Den Zucker mit der Butter schaumig aufschlagen, dann Mehl und Salz dazugeben und mit den Fingern kneten, bis die Zutaten gut vermengt, aber noch bröselig sind. Die Mandeln untermischen.
Nun eine Tortenform ausbuttern, die Marillen hineingeben und die Teigbrösel darauf verteilen. Bei 180°C etwa 25 bis 30 Minuten backen, bis das Crumble goldgelb ist.

Küchenablaufplan

Am Vortag

Auberginedip – Feta in Würfel schneiden – Obst pürieren

Bevor die Gäste kommen

1. *Backofen auf 200 °C vorheizen.*
2. *Aubergine mit Knoblauch spicken und in den Backofen geben.*
3. Obst pürieren und in den Tiefkühler stellen.
4. Kohlrabi aushöhlen und Gemüsestücke andünsten.
5. Zucchini schneiden und einsalzen.
6. Fenchel schneiden, anbraten und dünsten (danach bereitstellen).
7. Muscheln waschen, schneiden und kalt stellen.
8. Zitronensaft mit Gewürzen für die Muscheln verrühren und bereitstellen.
9. Butter für Mandelstangen zum Schmelzen aufstellen.
10. *Minze hacken.*
11. *Aubergine pürieren und mit den restlichen Zutaten abschmecken.*
12. Gemüsesticks schneiden.
13. Mandelstangen zubereiten und backen, danach 5 Minuten die Hitze auf 160 °C herunterdrehen.
14. Zucchinischeiben trocknen und auf Tellern flechten, abdecken und bereitstellen.
15. *Feta in Würfel schneiden und würzen.*
16. Basilikum schneiden.
17. Tomaten glacieren und mit dem Feta auf den Zucchinischeiben anrichten.
18. Gedünsteten Kohlrabi mit Kräutern und Eidottern pürieren.
19. Fruchtpüree durchrühren.

Fertigstellen

1. Aufgeschlagenes Eiklar unter die Kohlrabimasse heben und backen. (Küchenuhr auf 35 Minuten stellen!) Dip und Gemüsesticks servieren.
2. Zucchinicarpaccio servieren.
3. Fenchel auf kleiner Flamme aufwärmen.
4. Kohlrabi servieren.
5. Jakobsmuscheln würzen, anbraten und mit dem Fenchel servieren.
6. Das Fruchtpüree nochmals durchrühren, mit den Mandelstangen anrichten und servieren.

GESUND

Eines gleich vorweg: Die anderen Menüs sind nicht ungesund, bloß weil dieser Aspekt hier besonders hervorgehoben wird. In Maßen genossen ist alles gesund, was frisch und mit Liebe gekocht ist und glücklich macht. Aber manche mögen es halt leichter, deshalb verzichtet dieses Menü auf den Fleischgang und einige Kalorien, aber keineswegs auf den Genuss!

Auberginedip
mit Gemüsesticks

Reichen Sie diese kleine Vorspeise zum Aperitif. Sie schmeckt warm oder gekühlt und passt auch zu Crostini oder als Beilage zu gegrilltem Fisch oder Fleisch.

2 Knoblauchzehen
2 Auberginen
1 Schuss Tabasco oder etwas Cayennepfeffer
etwas Olivenöl
Salz, Pfeffer
frische Minze nach Belieben
500 g gemischtes Gemüse nach Wahl

Backofen auf 200 °C vorheizen. Die Knoblauchzehen längs in Scheiben schneiden und in die Aubergine stecken. Schneiden Sie die Aubergine dazu mit einem Messer ein. Die Auberginen etwa 30 Minuten im Backofen auf dem Rost schmoren (legen Sie eine Alufolie auf den Boden des Backofens, dann sparen Sie sich das Putzen). Die Auberginen auskühlen lassen. In der Zwischenzeit können Sie das Gemüse schälen und in Stangen schneiden.
Auberginen halbieren, mit der Schale zerdrücken oder pürieren. Mit Salz, Pfeffer, etwas Tabasco oder Cayennepfeffer und Olivenöl abschmecken und die fein gehackte Minze einrühren.

Tipp
Wenn Sie das Gemüse schon einige Stunden vorher schneiden, können Sie es mit einem feuchten Küchentuch oder Küchenpapier bedeckt im Kühlschrank frisch halten.

Zucchinicarpaccio
mit Frischkäse und Honigtomaten

Da sich schon alles „Carpaccio" nennen darf, was in hauchdünnen Scheiben auf den Teller kommt, warum nicht auch eine Zucchini. Hier dürfen Sie mit dieser Bezeichnung getrost hochstapeln, denn das Gericht sieht sensationell aus und schmeckt natürlich auch so!

2–3 Zucchini
(am besten Bio und möglichst gerade und gleich lang)
500 g Feta oder anderen schnittfesten Frischkäse
Salz, Pfeffer
etwas Nussöl
2 EL Honig
30 sehr reife Kirschtomaten
1/2 Bd. Basilikum
Pfeffer
Basilikumblätter zum Garnieren

Die Zucchini mit einem Käsemesser in dünne Scheiben schneiden, salzen und etwa 10 Minuten stehen lassen. Den Käse in Würfel, etwa so groß wie die Kirschtomaten, schneiden und mit Salz, Pfeffer und Nussöl nach Belieben würzen. Nun die Zucchinischeiben mit Küchenkrepp trockentupfen und 6 Scheiben pro Person auf den Vorspeisentellern – wie in der Fotoanleitung gezeigt – „flechten".
Kurz vor dem Servieren den Honig in einer Pfanne erhitzen und die Tomaten darin schwenken. Sie sollten etwas schmelzen, aber nicht platzen oder zerkochen! Das Basilikum in dünne Streifen schneiden, zu den Tomaten geben und mitschwenken.
Den Käse mit den Tomaten auf den Zucchinischeiben anrichten und noch etwas Nussöl darüber träufeln. Mit frisch gemahlenem Pfeffer und Basilikum garnieren.
Sie können auch cremigen Frischkäse nehmen, stechen Sie dann Nockerln aus, die Sie auf den Zucchinischeiben anrichten. Als Begleitung passt hauchdünn aufgeschnittenes Früchtebrot, das dann knusprig gebacken wird.

Tipp

Wenn Sie die Zucchini schon im Voraus auf den Tellern flechten, decken Sie jeden Teller mit Klarsichtfolie ab und stapeln Sie die Teller einfach übereinander, dann nehmen sie nicht zu viel Platz im Kühlschrank oder auf der Arbeitsfläche weg.

Mit mehr Zeit Tomatenmarmelade

Dies ist eine Variation eines meiner Lieblingsrezepte der Gebrüder Obauer, Haubenköche zu Werfen bei Salzburg. Wenn Sie im Sommer nicht wissen, was Sie mit der Tomatenschwemme im Garten anfangen sollen, probieren Sie diese Marmelade aus. Sie passt hervorragend zu Käse, gegrilltem Fisch oder Fleisch.

2 kg vollreife Tomaten
1 kg Gelierzucker
1 Bd. Minze
Saft und Zeste von 2 unbehandelten Limetten
1/2 TL Kreuzkümmel, grob zerstoßen
1 TL Koriander, grob zerstoßen
4 Scheiben einer Galgant- oder Ingwerwurzel
2 grüne Chilischoten, entkernt
und in feine Streifen geschnitten

Die Tomaten kreuzweise mit einem Messer einritzen, kurz (etwa 10 Sekunden) in kochendes Wasser geben und eiskalt abschrecken. Danach die Tomaten schälen und in grobe Stücke schneiden, den Saft dabei auffangen. Wenn Sie keine Kerne in Ihrer Marmelade mögen, entfernen Sie diese gleich. Die Tomaten mit dem Saft, dem Zucker, der Minze (mit Stängel) und den restlichen Zutaten in einem Topf vermischen und langsam aufkochen. Etwa 30 Minuten offen köcheln lassen, dann 1 TL auf einen kalten Teller geben. Wenn die Marmelade nach kurzer Zeit fest wird, ist sie fertig. Nehmen Sie nun die Minze und die Galgant- oder Ingwerscheiben heraus. Sie können die Marmelade kurz mit dem Stabmixer pürieren und durch ein Sieb streichen (so werden Sie auch die Kerne los) oder sie in sterilisierte Marmeladegläser abfüllen.

Kohlrabisoufflé

6 Kohlrabi
50g Butter
9 Eier
1 Hand voll frische Kräuter nach Belieben
Salz, Pfeffer
1 Prise Muskat

Die Kohlrabi oben flach abschneiden (und unten, damit sie aufrecht stehen bleiben) und mit einem kleinen Messer oder Löffel aushöhlen. Die Kohlrabistücke in der zerlassenen Butter in einer Pfanne weich dünsten und auskühlen lassen. Die Eier trennen und die gedünsteten Kohlrabistücke in der Küchenmaschine oder mit dem Stabmixer mit den Eidottern und den Kräutern sehr fein pürieren. Mit Salz, Pfeffer und Muskat abschmecken. Diese Masse können Sie einige Stunden vorher zubereiten und bis zur weiteren Verwendung zugedeckt im Kühlschrank aufbewahren.
Das Eiklar mit einer Prise Salz cremig schlagen und vorsichtig unter die Kohlrabimasse heben. Nicht ganz bis zum Rand in die ausgehöhlten Kohlrabi füllen und bei 160°C etwa 25 bis 30 Minuten im Backofen backen. Die restliche Masse (es bleibt immer etwas übrig) können Sie in gut gebutterten Soufflé- oder Auflaufförmchen mitbacken, für den Nachschlag!
Servieren Sie dazu gemischte Blattsalate, zum Beispiel mit einem Dressing aus Zitronensaft und Olivenöl.

Jakobsmuscheln mit geschmortem Fenchel und Vanille

12 Jakobsmuscheln
3 Fenchelknollen
etwas Olivenöl und Butter zum Anbraten
1 kleine Knoblauchzehe, fein gehackt
1 Vanilleschote
125ml Noilly Prat oder trockener Weißwein
1 Schuss Orangensaft nach Belieben
etwas Zitronensaft
Salz, weißer Pfeffer
1 TL gemahlener Kurkuma (optional)

Die Jakobsmuscheln quer halbieren, kalt abspülen, trockentupfen und bis zur weiteren Verwendung kalt stellen.
Den Fenchel in Scheiben schneiden. Etwas Olivenöl und Butter in einer Pfanne erhitzen und die Fenchelscheiben darin anbraten. Den Knoblauch, die längs aufgeschnittene Vanilleschote, Salz und weißen Pfeffer dazugeben und einige Minuten weiterbraten. Mit dem Noilly Prat oder Wein ablöschen und gegebenenfalls mit dem Orangensaft aufgießen. Die Flüssigkeit in etwa 10 bis 15 Minuten leise köchelnd einreduzieren lassen. Der Fenchel sollte gar, aber bissfest sein. Zitronensaft, Salz, Pfeffer und Kurkuma verrühren und die Jakobsmuscheln damit beträufeln. Nun in einer heißen Pfanne mit Olivenöl auf beiden Seiten kurz und scharf anbraten. Je 4 Stück Jakobsmuscheln pro Portion mit dem Fenchel anrichten.

Tipp

Frische Jakobsmuscheln sind im Supermarkt ums Eck nicht so leicht erhältlich, aber bei guten Fischhändlern bekommt man Sie dann und wann sogar lebend in der Muschel. Auch tiefgekühlte Jakobsmuscheln können verwendet werden und natürlich funktioniert dieses Rezept auch mit Fisch. Nehmen Sie Meeresfische mit einem festeren Fleisch, wie Steinbutt oder Seeteufel (Angler). Braten Sie die Filetstücke etwas länger an (etwa 5 Minuten) und lassen Sie sie im Rohr bei 160 °C etwa 10 Minuten, je nach Größe, gar ziehen. Die Filets sollten im Kern noch leicht glasig sein, dann haben Sie noch einen saftigen Biss.

Mit mehr Zeit Papadams mit Fenchelsamen

Zu dieser Hauptspeise passt ein knuspriges Baguette oder – noch besser – indische Papadams. Diese knusprigen Fladen aus Kichererbsenmehl können Sie fertig kaufen und aufwärmen oder nach dem folgendem Rezept selbst backen.

250 g Kichererbsenmehl (oder Linsenmehl – beides gibt es im Asiashop)
1 TL Salz
1 TL Natron
1/4 TL Asafoetida
(auch Hing oder Asant genannt – Pulver aus dem Harz eines Doldenblütengewächses, das in der indischen Küche weit verbreitet ist)
1 EL Fenchelsamen
(Kreuzkümmel wird meistens verwendet)
1/4 TL Chilipulver

Alle Zutaten vermengen und unter Kneten so viel Wasser beimengen, bis ein sehr fester, aber gleichmäßiger Teig entsteht. Den Teig in eine Rolle formen, in kleine Stücke schneiden (etwa 25) und Kugeln formen. Diese ganz flach ausrollen und etwas antrocknen lassen. In einer sehr heißen Pfanne (mit oder ohne Öl) auf beiden Seiten kurz knusprig braten und heiß servieren.

Halbgefrorenes Fruchtpüree
mit Mandelstangen

Je 250 g dreierlei Obst nach Saison, z. B. Honig- oder Zuckermelonen, Himbeeren oder Erdbeeren, Mangos – verschiedene Farben machen optisch viel her
3 Bananen

Pürieren Sie die Obstsorten mit je 1 Banane. Bei frischem Saisonobst sollte kein Zucker notwendig sein. Füllen Sie die Pürees in Schüsseln und frieren Sie diese für etwa 2 Stunden ein. Wenn Sie daran denken, rühren Sie die Pürees ab und zu mit einer Gabel durch, dann frieren sie gleichmäßiger an.

Mandelstangen

1 Blatt Strudelteig
50 g Butter, zerlassen
1–2 EL Kristallzucker
1–2 EL gemahlene Mandeln
etwas Staubzucker zum Bestreuen

Das Strudelblatt mit der flüssigen Butter bestreichen (etwas davon aufheben) und über die Hälfte falten. Wiederum etwas Butter darauf verteilen und den Zucker und die Mandeln gleichmäßig darauf streuen. Nun den Teig vorsichtig zu dünnen Stangen einrollen und diese nach und nach abschneiden. Die Stangen auf ein Backblech mit Backpapier legen, mit dem Rest der Butter bestreichen und bei 200 °C etwa 5 Minuten goldgelb backen. Mit Staubzucker bestreuen und zu dem Fruchtpüree servieren. Kaum Kalorien. Ehrlich!

GESUND

Küchenablaufplan

Am Vortag

Gurkengelee – Rote-Rüben-Fond – Wasabi-Forellen-Strudel einrollen und kalt stellen – Trüffel einfrieren – Mangocoulis zubereiten.

Bevor die Gäste kommen

1. *Trüffel einfrieren, mit Mangocoulis zubereiten und kalt stellen.*
2. Topf mit Wasser zum Kochen aufstellen.
4. Schalotten und Knoblauch für Lauchcreme und Suppe hacken.
5. *Lasagneblätter in das kochende Wasser geben, Küchenuhr auf 8 Minuten stellen.*
6. Nüsse karamellisieren.
7. *Lasagneblätter aus dem Wasser nehmen (Topf stehen lassen!) und eiskalt abschrecken.*
8. Lauch in demselben Wasser blanchieren, dann eiskalt abschrecken.
9. *Forellenfarce zubereiten und Forellenstrudel einwickeln und kalt stellen.*
10. Nach den Kartoffeln sehen! Wenn sie weich sind, beiseite stellen.
11. *Rote-Rüben-Fond zustellen.*
12. Butter für Strudel schmelzen, Rehfilets anbraten, etwas auskühlen lassen.
13. Eier trennen, Rehstrudel vorbereiten und zugedeckt bereitstellen.
14. Marinade für das Tatar zubereiten und Ziegenkäsecreme verrühren.
15. Austern öffnen und mit dem Bachsaibling schneiden.
16. Gelee stürzen und ausstechen.
17. Lauchcreme mixen und abschmecken.
18. Welsfilets waschen, würzen und zugedeckt kalt stellen.
19. *Suppe abseihen, abschmecken und bereitstellen.*

Fertigstellen

1. Wasser für die Forellenstrudel zum Kochen aufstellen, Backofen auf 160 °C vorheizen.
2. Fisch marinieren, Gurkengelee fertig anrichten und servieren.
3. Forellenstrudel garen, Suppe aufwärmen, beides anrichten und servieren.
4. Welsfilets braten, Lauchcreme fertigstellen, aufmixen, mit Wels anrichten.
5. Rehstrudel in den Backofen geben, Küchenuhr auf 10 Minuten stellen.
6. Eier für die Nachspeise verquirlen, Mandeln bereitstellen.
7. Rehstrudel anrichten und servieren.
8. Trüffel panieren, backen, mit Mangocoulis anrichten und servieren.

Glamour Queen

Richtig dick auftragen können Sie mit einer Dinnerparty unter dem Motto ‚Glamour'. Laden Sie für so einen Abend Gäste ein, die daran Spaß haben und kündigen Sie das Thema „de la soiré" unbedingt an! Dann wird bestimmt genügend Champagner beigesteuert und Sie stehen nicht allein im Edeloutfit da. Damit Sie genug Zeit haben, sich in Schale zu werfen, sieht dieses Menü Rezepte vor, die Sie mit Vorlauf zubereiten können. So sind Sie am Abend selbst nur noch mit den letzten Handgriffen beschäftigt!

Gurkengelee mit Ziegenfrischkäse und Austern-Bachsaibling-Tatar

Farblich ist die Kombination ein echter Reißer und geschmacklich hat es bis jetzt auch so manchen Skeptiker in Begeisterung versetzt. Trauen Sie sich drüber, es lohnt sich!

Gurkengelee

ca. 3 Gurken mit Schale
(Sie brauchen ca. 1 l Flüssigkeit)
1 TL Meersalz
8–12 Blatt Gelatine
Salz, weißer Pfeffer

Die Gurken reiben oder im Mixer pürieren, mit dem Salz vermengen und ca. 15 Minuten ziehen lassen, danach in ein feines Sieb geben und das Gurkenwasser auffangen. Die Gelatine in sehr kaltem Wasser einweichen. Etwas von dem Gurkenwasser erhitzen und die gut ausgedrückte Gelatine darin auflösen, dann mit der restlichen Flüssigkeit verrühren und mit Salz und weißem Pfeffer abschmecken. Kleiden Sie eine Auflaufform mit Klarsichtfolie aus. Am leichtesten geht das, wenn Sie die Form vorher mit etwas Öl ausstreichen, damit sich die Folie leichter an die Form schmiegt. Gießen Sie die Flüssigkeit in die Form und lassen Sie das Gelee mindestens 5 Stunden, bevorzugt über Nacht, stocken.

Ziegenkäsecreme

200 g Ziegenfrischkäse
2 EL Crème fraîche
weißer Pfeffer, Koriander aus der Mühle

Alle Zutaten geschmeidig verrühren.

Tatar

6 Austern
150 g frischer Bachsaibling (Filets ohne Gräten)
2 EL neutrales Speiseöl
Salz, Pfeffer
Saft und Zeste einer halben unbehandelten Zitrone
1 EL Estragon, geschnitten

Die Austern öffnen und das Fleisch aus den Schalen nehmen, in eine Schüssel legen. Den Bachsaibling in Würfel schneiden. Die Austern aus der Flüssigkeit nehmen und ebenfalls in kleine Stücke schneiden.
Öl, wenig Salz, Pfeffer, Zitronenzeste sowie Estragon verrühren. Nach Belieben mit dem Zitronensaft würzen.
Jetzt vorsichtig Saibling und Austern in der Schüssel mit der Marinade vermengen, bei Bedarf nochmals abschmecken.

Anrichten

Zeste einer unbehandelten Zitrone
Estragon oder Schnittlauch
1 Bd. Schnittlauch, gehackt

Bestreuen Sie das Gurkengelee in der Auflaufform mit gehacktem Schnittlauch. Legen Sie einen passenden Teller oder eine Platte verkehrt auf die Auflaufform und stürzen Sie diese. Nun lässt sich die Klarsichtfolie leicht vom Gelee abziehen. Das Gelee nun rund ausstechen und auf einzelne Teller setzen. Die Käsecreme mit einem Dressiersack oder einem Löffel auf das Gelee geben, darauf je 1 gehäuften EL vom Tatar verteilen. Mit Zitronenzeste und Estragon oder Schnittlauch garnieren.

Tipp

Das Gelee lässt sich leichter stürzen und ausstechen, wenn Sie es am Vortag zubereiten. Das Tatar sollte maximal eine Stunde vor dem Servieren frisch geschnitten und erst kurz vor dem Anrichten mit der Marinade vermengt werden. Sie können statt Austern auch nur Bachsaibling oder Alpenlachs verwenden, statt Estragon Dill oder Schnittlauch.
Wenn Ihnen etwas von dem Gurkengelee übrig bleibt (unvermeidlich, wenn man rund aussticht), heben Sie es auf und schneiden Sie Stückchen davon als Garnitur auf einen Salat oder in eine kalte Gemüsesuppe wie Gazpacho.

GLAMOUR

Rote-Rüben-Fond
mit Wasabi-Forellen-Strudel

Auch hier besticht die Farbe und diese kommt am besten zur Geltung, wenn Sie den Fond in Gläsern servieren. Für eine größere Party können Sie den Fond kalt in Shotgläsern auf das Buffet stellen.

2 Schalotten, fein gehackt
1 kleine Knoblauchzehe, fein gehackt
etwas Butter
1 EL Zucker
125 ml Portwein
2 l Rote-Rüben-Saft
4–5 Pimentkörner oder gemahlener Piment
Salz, Pfeffer

Die Schalotten und die Knoblauchzehe in zerlassener Butter andünsten und 1 EL Zucker dazurühren und schmelzen lassen. Nun den Portwein zugießen und einkochen lassen, bis die Flüssigkeit dicklich und fast zur Gänze verkocht ist. Den Rote-Rüben-Saft zugießen, Piment, Salz und Pfeffer dazugeben und etwa 5 Minuten kochen lassen. Die Suppe durch ein Sieb abseihen. Wenn Sie Fettaugen vermeiden möchten, legen Sie ein Stück Küchenpapier in das Sieb, so wird der Fond klar. Schmecken Sie den Fond nach dem Abseihen nochmals mit Salz, Pfeffer und Piment ab.

QUEEN

Strudel

3–4 Lasagneblätter
1 Tube Wasabi
150 g Räucherforelle
100 ml Obers
etwas Salz und Pfeffer nach Belieben

Die Lasagneblätter in reichlich Salzwasser kochen, bis sie bissfest sind, danach sofort kalt abschrecken. Die restlichen Zutaten (Obers und Forelle sollten sehr kalt sein!) im Mixer schnell zu einer homogenen Masse pürieren. Legen Sie ein Lasagneblatt auf ein ausreichend breites und langes Stück Klarsichtfolie und bestreichen Sie es dünn mit der Forellenmasse, aber nicht ganz bis zum Rand. Rollen Sie das Teigblatt der Länge nach vorsichtig ein und wickeln Sie es mehrmals in der Klarsichtfolie gut ein. Verknoten Sie die beiden Enden der Rolle, damit beim Sieden kein Wasser hineinkommt! Die restlichen Nudelblätter genau so weiterverarbeiten, bis die Masse aufgebraucht ist.

Stellen Sie die Rollen mindestens 30 Minuten kalt. Danach geben Sie die Rollen in eine hohe Pfanne oder in einen Topf mit siedendem Wasser. Nach etwa 5 bis 6 Minuten sollte die Farce gar und fest sein. Die Klarsichtfolie auf- und die Strudel in Stücke schneiden. Auf Spieße oder Zahnstocher stecken und über den Glasrand mit der Suppe hängen.

Tipp

Beides können Sie am Vortag zubereiten, die Strudelröllchen allerdings erst kurz vor dem Servieren garen und aufschneiden, wenn Sie zu lange aus der Folie sind, trocknet der Nudelteig wieder ein!

Wels
auf Lauchcreme

2 Schalotten, fein gehackt
1 mehlige Kartoffel (ca. 150 g), klein gewürfelt
einige Thymianzweige (bevorzugt: Zitronenthymian)
125 ml Noilly Prat oder trockener Weißwein
(etwas für die Creme und für den Fisch)
250–500 ml Gemüsefond
Grün einer Stange Lauch
Saft einer Zitrone
600 g Welsfilet, in 6 Stücke geschnitten
Olivenöl
Salz, Pfeffer
Zitronenthymian oder Zeste einer unbehandelten Zitrone zum Garnieren

Die Schalotten in etwas Olivenöl andünsten, die Kartoffeln und den Thymian dazugeben und mit dem Noilly Prat und 250 ml Brühe weich kochen. Das Lauchgrün in Stücke schneiden und in kochendem Wasser etwas 3 Minuten kochen, dann sofort unter fließendem Wasser eiskalt abschrecken, so behält es die Farbe. Die Kartoffeln mit der Flüssigkeit und dem Lauch in einen Mixbecher geben und sehr fein pürieren. Geben Sie mehr Brühe dazu, wenn die Creme zu dicklich ist, machen Sie aber keine Suppe daraus! Mit Salz, Pfeffer und der Hälfte des Zitronensaftes abschmecken.

Die Welsstücke waschen, salzen, pfeffern und mit Zitronensaft beträufeln. In einer heißen Pfanne mit Olivenöl auf einer Seite anbraten. 1 Schuss Noilly Prat dazugeben, zudecken und bei mittlerer Hitze gar ziehen lassen.

Die Lauchcreme vor dem Servieren kurz aufwärmen (und im Mixer oder mit dem Pürierstab kurz aufschäumen) und 1 bis 2 EL davon auf jeden Teller geben. Die Welsstücke mit der gebratenen Seite nach oben auf die Creme setzen. Sie können den Fisch mit etwas Zitronenzeste oder Zitronenthymian garnieren.

Reh im Powidlstrudel mit Karamellnüssen

Karamellnüsse

150 g Zucker
1 Prise Cayennepfeffer
150 g Walnüsse

Den Zucker in einer Pfanne goldgelb schmelzen, den Cayennepfeffer einrühren, die Walnüsse dazugeben und gut mit dem Karamell verrühren. Geben Sie die Nüsse sofort auf ein Backpapier und verteilen Sie sie mit zwei Gabeln, sonst haben Sie hinterher nur Karamellbruch! Der Karamell trocknet innerhalb von wenigen Minuten, also müssen Sie schnell arbeiten. Bewahren Sie die Karamellnüsse bis zur weiteren Verwendung trocken bei Zimmertemperatur auf.

600 g Rehfilets (6 Stück à ca. 100 g)
Salz, Pfeffer
etwas Öl, Thymian, 1 Knoblauchzehe
und 5 Wacholderkörner zum Anbraten
6 Blatt Strudelteig
etwas Butter
1 Eiklar
ca. 24 Scheiben Lardo (grüner Speck)
6 EL Powidl
1 Eidotter
50 g Butter, zerlassen

Die Rehfilets salzen, pfeffern und in einer heißen Pfanne mit Öl, der zerdrückten Knoblauchzehe, Wachholderkörnern und Thymian kurz auf allen Seiten anbraten, dann aus der Pfanne nehmen.

Pro Strudel ein Strudelblatt mit Butter bestreichen und über die Breite einmal falten, sodass die doppelte Teigplatte längs vor Ihnen liegt. Die Ränder (etwa 2 cm) mit Eiklar bestreichen. Die Hälfte der Teigplatte innerhalb des bestrichenen Randes mit dem Speck belegen, diesen dünn mit Powidl bestreichen und mit Rehfilet belegen. Die Seiten einschlagen und das Filet vorsichtig einrollen. Bei Bedarf mit etwas mehr Eiklar bestreichen, damit der Strudel dicht ist. Auf ein Backblech mit Backpapier legen.
Vor dem Backen die flüssige Butter mit dem Eidotter verquirlen und die Strudel damit bestreichen. Bei 180 °C etwa 8 bis 10 Minuten backen und noch einige Minuten mit Alufolie bedeckt bei offenem Backofen nachziehen lassen.
Servieren Sie die Strudel mit den Karamellnüssen und etwas kurz gedünstetem Gemüse, in feine Streifen geschnitten. Auch Vogerlsalat, mit etwas Himbeeressig und Walnussöl angemacht, passt gut dazu!

Tipp

Die Nüsse können Sie am Vortag karamellisieren. Auch die Strudel können Sie mit Vorlauf einwickeln. Die angebratenen Rehfilets sollten dann vor dem Einwickeln schon ausgekühlt sein und wenn der Teig gut mit Speck ausgelegt ist, kann er nicht aufweichen. Bewahren Sie die Strudel mit Klarsichtfolie zugedeckt im Kühlschrank auf. Denken Sie daran, die Strudel etwa eine Stunde vor dem Backen aus dem Kühlschrank zu nehmen, da die Garzeit sich erheblich verlängert, wenn das Fleisch ganz durchgekühlt ist! Die Strudel sollten Sie in jedem Fall erst unmittelbar vor dem Backen mit der Eidotter-Butter-Mischung bestreichen.

Heiße Trüffel mit Mangocoulis

Schneller geht es kaum, außer Sie machen Ihre Trüffel selbst. Müssen Sie aber nicht, achten Sie einfach darauf, dass Sie wirklich gute Bitterschokoladetrüffel kaufen, dann kann geschmacklich nichts schief gehen.

1 sehr reife Mango
18 St. Trüffel bester Qualität
1 Ei, verquirlt
100 g gemahlene Mandeln
Öl zum Backen

Die Mango aufschneiden und das Fruchtfleisch mit dem Pürierstab fein pürieren und kalt stellen. Die Trüffel mindestens 2 Stunden einfrieren. Vor dem Backen jede Trüffel durch das verquirlte Ei ziehen und danach gut in den gemahlenen Mandeln wenden. In heißem Öl etwa 1 bis 2 Minuten rundherum goldgelb backen, dann auf Küchenpapier abtropfen lassen. Mit den Mangocoulis anrichten und servieren.

Mit mehr Zeit Hausgemachte Trüffel

75 g Obers
75 g Butter
300 g beste Zartbitterschokolade
Aroma nach Belieben (etwa 1 Schuss Amaretto, Grand Marnier oder anderer Likör, oder etwas Safran, mit Obers aufgekocht, Zimt oder Vanille)

Obers und Butter aufkochen, vom Herd nehmen, den Likör bzw. eine andere Geschmackszutat dazugeben. Die zerkleinerte Schokolade darin schmelzen. Gut verrühren und mehrere Stunden kalt stellen. Wenn die Trüffelmasse fest ist, mit einem kleinen Löffel Portionen ausstechen und zu Kugeln formen. Dazu brauchen Sie sehr kalte Hände! Sie können die Kugeln auch mit einem Parisienneausstecher ausstechen, in dem Fall tauchen Sie den Ausstecher zwischendurch in lauwarmes Wasser. Die fertigen Trüffel in Kakaopulver, Staubzucker oder Kokosraspeln wälzen. Wenn Sie die Trüffel zum Backen machen, eignen sich Staubzucker oder Kakaopulver am besten.

Küchenablaufplan

Wenn Sie am Vortag Zeit für einige Zubereitungen haben, macht dieses Menü am Abend selbst kaum mehr Arbeit! Das Gelee sollten Sie in jedem Fall nach Möglichkeit am Vortag oder zumindest vier Stunden vorher zubereiten.

Am Vortag

Balsamgelee – Erdbeersuppe – Artischocken kochen – Mousse au chocolat

Bevor der Gast kommt

1. *Balsamgelee zubereiten und einkühlen am besten am Vortag, oder 30 Minuten im Tiefkühler und dann zwei Stunden im Kühlschrank*
2. *Topf mit Wasser für Artischocken zum Kochen aufstellen.*
3. *Schokolade mit Butter zum Schmelzen aufstellen.*
4. *Erdbeersuppe zubereiten und kalt stellen.*
5. *Artischocken zum Kochen in das Wasser geben.*
6. Sellerie schälen, schneiden und dünsten.
7. *Schokolade vom Herd nehmen.*
8. *Eiklar nach Anleitung aufschlagen und Schokomousse fertigstellen, dann einkühlen.*
9. Gelee für Perlhuhn zum Schmelzen aufstellen.
10. Feigen vierteln.
11. Selleriepüree fertigstellen und bereithalten.
12. Marinade für den Fisch zubereiten.
13. Lachs schneiden und wieder einkühlen.
14. Artischocken zerpflücken und auf Tellern anrichten.
15. Perlhuhnbrust würzen und mit Feigen anbraten und aufgießen.
    Pfanne im ausgeschalteten Backofen bereithalten.
16. Balsamherzen ausstechen.

Fertigstellen

1. Pfanne mit Perlhuhn aus dem Backofen nehmen und Backofen auf 200°C vorheizen.
2. Suppe anrichten und servieren.
3. Lachs mit Marinade mischen, auf den Artischocken anrichten und servieren.
4. Perlhuhnbrüste in den Backofen geben – eventuell etwas mehr Portwein und Gelee dazugeben.
5. Selleriepüree aufwärmen, Hauptgang anrichten und servieren.
6. Mousse anrichten und servieren, Hot Shots zubereiten und servieren.

„Kulinarische Verführung

Alte Weisheiten bezügliche Liebe und Magen seien Ihnen hier erspart. Natürlich können Sie das Objekt Ihrer Begierde mit kulinarischen Höchstleistungen einkochen (sofern das geschätzt wird), aber die goldene Bratpfanne soll Ihnen ja hier nicht aufgrund Ihrer Kochkünste allein erteilt werden. Ein Verführungsmenü ist sinnlich, aber nicht zu bemüht, denn das Wichtigste ist, dass Sie entspannt und souverän sind und sich hauptsächlich Ihrem oder Ihrer Liebsten statt Ihren Kochtöpfen widmen. Und wenn Sie am Vortag Zeit für einige Zubereitungen haben, macht dieses Menu am Abend selbst kaum mehr Arbeit. Zu viel sollten Sie jedenfalls nicht auftischen, wenn der Höhepunkt sich anderswo bei Tisch abspielen soll. Da gehe ich ganz mit der Haubenköchin Johanna Maier konform: Nach einem guten Essen soll man sich schließlich noch lieben können!

Erdbeersuppe mit Balsamherzen

Essen ist Botschaft, und hier ist die Botschaft, des Abends wohl kaum zu übersehen. Aber Vorsicht, mit dieser Suppe punkten Sie nur unter folgenden Voraussetzungen: 1. Sie haben einen sensiblen Genießer mit Hang zur Romantik zu Gast (ja bitte!), 2. Über seine bzw. ihre Zuneigung zu Ihnen haben Sie keine allzu großen Zweifel (oder gerade deshalb wollen Sie es genau wissen), und 3. Es ist Erdbeerzeit. Lassen Sie sich keinesfalls von aufgespritzten Glashauserdbeeren aus unplausiblen Erdbeerländern blenden. Der Ersatzplan ist der Rote-Rüben-Fond der „Glamour Queen" (S. 82), kalt serviert mit eben diesen Balsamherzen.

Tipp

Bewahren Sie die Geleereste bis zu zwei Wochen im Kühlschrank auf, klein gehackt machen Sie sich auf Salaten gut!

250 g Erdbeeren
100 g Stangensellerie
100 g Gurken, geschält und entkernt
50 ml Apfelsaft (naturtrüb)
1 kleine Prise Salz
reichlich grüner Pfeffer
2 EL Nussöl (Olivenöl geht auch, aber Nussöl gibt ein feines Aroma!)

Alle Zutaten mit einem Pürierstab oder im Mixbecher sehr fein pürieren und abschmecken. Noch feiner wird die Suppe, wenn Sie sie durch ein Sieb passieren, dann bleiben auch keine Erdbeerkerne in den Zähnen hängen. Die Suppe etwa 1 bis 2 Stunden kalt stellen.

Balsamherzen
3 Blatt Gelatine
100 ml Balsamessig
100 ml Apfelsaft
1 EL Honig

Die Gelatine in eiskaltem Wasser einweichen. Eine kleine, flache Form mit Klarsichtfolie auskleiden und in den Tiefkühler stellen. Den Essig mit dem Apfelsaft einmal kurz aufkochen, den Honig unterrühren und die Gelatine in der heißen Flüssigkeit gut auflösen. Die Flüssigkeit in die Form gießen. Da die Form nun kalt ist, stockt die Flüssigkeit schneller. Stellen Sie die Form in den Kühlschrank, bis der Essig stichfest ist.
Vor dem Servieren das Gelee aus der Form stürzen und mit einer Keksform kleine Herzen ausstechen.
Die Suppe in Suppentellern mit den Herzen anrichten und mit frisch gemahlenem grünem Pfeffer garnieren.

Artischockenblume mit Lachstatar

2 kleine Artischocken
250 g frisches Lachsfilet (Sushiqualität)
Saft und Zeste einer unbehandelten Limette
2 EL Schnittlauch, fein gehackt
1 kleines Stück Ingwer, gerieben
1 Prise gemahlener Koriander
Salz, Pfeffer
etwas Wasabi (optional)
Lachsrogen zum Garnieren (optional)

Die Artischocken in reichlich Salzwasser kochen, bis sich die Blätter leicht abzupfen lassen. Das dauert je nach Größe der Artischocken etwa 45 Minuten bis eine Stunde und kann durchaus am Vortag geschehen.
Die Artischockenblätter ganz abzupfen und den Artischockenboden mit einem kleinen Löffel von dem Stroh befreien. In der Mitte eines Tellers den Artischockenboden und rundherum die Blätter blütenartig anrichten
Den Lachs sollten Sie auf jeden Fall frisch, also maximal eine Stunde vorher, mit einem guten

Messer klein schneiden (nicht in der Küchenmaschine!). Vermengen Sie den Lachs erst unmittelbar vor dem Servieren mit dem Saft der Limette und den anderen Zutaten, da der Limettensaft den Fisch gart.

Für etwas mehr Schärfe verwenden Sie entweder mehr Ingwer oder eine halbe gehackte Chilischote.

Das Lachstatar auf den Artischockenböden verteilen, mit etwas Limettenzeste und nach Belieben mit Lachsrogen garnieren.

Tipp

Am besten eignen sich für dieses Rezept die großen, meist französischen Artischocken, da Sie ein größeres Artischockenherz benötigen. Die kleinen italienischen Artischocken schauen wunderschön aus, schmecken bei anderer Verwendung auch ganz köstlich, aber von einem Herzen ist da nicht viel zu erwarten. Ganz schlechte Symbolik für so ein Diner.

Die übrigen Artischockenblätter können Sie übrigens am nächsten Tag mit dem Saucenrezept aus dem Kapitel „Gemütlich" (S. 26) genießen!

Perlhuhnbrust
mit Rotweinfeigen und Selleriepüree

Püree
1 Sellerieknolle (etwa 700 g)
ca. 50 g Butter
etwas Brühe oder Milch
Salz, Pfeffer

Perlhuhnbrust
etwa 3 EL Ribiselgelee
2 Perlhuhnbrustfilets
Salz, grüner Pfeffer
Olivenöl
3 frische Feigen
einige frische Rosmarin- und Thymianzweige
125 ml Portwein (alternativ: guter Rotwein)
1 ganze Knoblauchzehe, zerdrückt
1 EL Butter nach Bedarf

Die Sellerieknolle schälen und in kleine Würfel schneiden. Je kleiner die Würfel, umso schneller sind sie gar!
Die Butter in einem Topf zerlassen, die Selleriewürfel dazugeben und mit etwas Wasser, damit die Selleriestücke nicht ansetzen, zugedeckt weich dünsten.
Danach mit dem Mixstab pürieren und mit Milch oder Brühe zur gewünschten Konsistenz aufgießen. Salzen, pfeffern und fertig!

Das Gelee mit 1 EL Wasser in einem kleinen Topf schmelzen.
Die Perlhuhnbrust salzen, pfeffern und in etwas Olivenöl mit der zerdrückten Knoblauchzehe auf beiden Seiten goldgelb anbraten.
Die geviertelten Feigen und die Kräuterzweige in die Pfanne geben und das Ganze mit dem Portwein ablöschen. Einmal kurz aufkochen lassen. Etwa 1 bis 2 EL Gelee auf jedes Filet löffeln, dann alles für ca. 8 bis 10 Minuten bei 200 °C im Backofen garen. Verwenden Sie für dieses Gericht vorzugsweise eine Pfanne mit Metallstiel!

Die Filets danach aus der Pfanne nehmen und mit dem restlichen Gelee glacieren. Die Sauce sollte bereits sämig sein, falls sie Ihnen zu flüssig vorkommt, stellen Sie die Pfanne noch einmal kurz auf den Herd und kochen Sie die Sauce auf. Für eine zusätzliche Bindung können Sie 1 EL kalte Butter unter die Sauce rühren.
Die Filets mit dem Püree und den Feigen anrichten und die Sauce über Feigen und Filets gießen.

Tipp
Und weil das Ganze etwas aufwändig klingt, kommt nun die gute Nachricht:
Das Püree können Sie im Voraus zubereiten, es lässt sich in etwas heißer Milch leicht aufwärmen. Das Perlhuhn können Sie ebenfalls im Voraus anbraten und kurz vor dem Verzehr im Backofen fertig garen. In der Zwischenzeit können Sie dann das Püree erwärmen.
Dabei kann Ihnen Ihr Gast des Herzens Gesellschaft in der Küche leisten. Nach zwei Gängen sollte diese/r Ihnen zumindest dorthin, wenn nicht schon überallhin, folgen wollen.

Chili-Mousse au chocolat

Mousse au chocolat ist wohl die dankbarste und eine der beliebtesten Nachspeisen – der Chili ist dem Anlass entsprechend dazugedichtet. Sie können dieses Rezept genauso gut mit einem Schuss Orangenlikör und Zesten von unbehandelten Orangen, mit Amaretto und Mandelblättern machen oder Ihrer eigenen Inspiration folgen. Am besten bereiten Sie die Mousse am Vortag zu, da sie gut durchgekühlt sein muss, damit sie ihre luftige Konsistenz bekommt.

Zutaten für 4 Portionen
(immer gut, wenn etwas davon übrig bleibt!)
120 g beste Zartbitterschokolade
60 g Butter
4 Eiklar
60 g Kristallzucker

Die Schokolade in Stücke brechen und mit der Butter in einem Topf auf kleinster Flamme schmelzen, dabei einige Male umrühren. Vom Herd nehmen und etwa 5 Minuten auskühlen lassen.
Das Eiklar mit einem Rührmixer aufschlagen, bis es fest ist, und nach und nach den Zucker einrieseln lassen. 1 EL des Eischnees vorsichtig in die Schokolade einrühren, das lockert sie etwas auf. Dann die Schokomasse behutsam, aber gründlich unter den Eischnee heben.
In eine große Schüssel oder Dessertschalen füllen und zugedeckt mindestens 3 Stunden kalt stellen.

Mit mehr Zeit
Zuckerchilis

Kompliziertes Anrichten ist bei diesem Dessert nicht notwendig. Einfach die Schüssel und zwei Löffel schnappen und ab aufs Sofa! Wenn es aber besonders schön aussehen soll, füllen Sie die Mousse in einzelne Dessertgläser und garnieren sie mit karamellisierten Chilis. Dazu brauchen Sie Zuckersirup aus 100 g Zucker und 100 ml Wasser. Kochen Sie den Sirup, bis er auf einer Gabel, die Sie kurz in den Sirup eintauchen, dünne Fäden zieht, die gleich trocknen. Dann können Sie Chilischoten nehmen und durch den Sirup ziehen und diesen als Tropfen oder Faden an der Schote trocknen lassen. Das ist eine Spielerei und bei Chilis nur für die Optik gut (ich empfehle nicht, dass Sie die Deko-Chili essen), aber es macht Spaß und ist gar nicht so kompliziert, wie es klingt. Rechnen Sie dafür aber dennoch eine halbe Stunde Extrazeit ein! Wenn Sie das am Vortag machen möchten, müssen Sie die Chilis kühl und trocken lagern, da der Zucker wieder weich werden kann.

Tipp

Die schonendste Art, Schokolade zu schmelzen, ist über Dampf oder im Wasserbad. Dazu erhitzen Sie einen Topf mit Wasser und setzen eine Schüssel mit der Butter und der Schokolade in oder über das Wasser. Die andere Methode – in einem Topf – funktioniert aber auch, wenn Sie die Hitze klein halten und regelmäßig umrühren. So kann die Schokolade nicht ansetzen oder verbrennen.

Grüne Fee
Hot Shot

Wenn Sie es schon langsam eilig haben, zum zweiten Teil des Abendprogramms überzugehen, können Sie etwas Digestif und den Kaffee zugleich servieren. Dass Absinth außerdem als Libidonachhilfe gehandelt wird, sei nur nebenbei erwähnt.

Pro Glas
2 EL eiskaltes Obers
1 Espresso
20 ml Absinth (Sie können auch Amaretto oder Galliano nehmen)

Das Obers mit einem Schneebesen halbflüssig aufschlagen. Den heißen Espresso in kleine Shot-Gläser füllen. Den Absinth vorsichtig über einen Löffelrücken auf den Espresso laufen lassen. Das Obers auf dieselbe Weise über den Kaffee gießen. Im Idealfall haben Sie nun drei Schichten im Glas. Üben Sie das am besten ein paar Mal, aber lieber nicht unmittelbar vor Eintreffen Ihres Gastes!

Küchenablaufplan

Als Erstes: Kaffee oder Tee machen und genießen! Die restlichen Vorbereitungen können Sie ganz gemütlich angehen. Einiges können Sie natürlich auch wieder im Voraus zubereiten:

Am Vortag

Melonen ausstechen - Spargel kochen - Lachskipferln backen (die können Sie am Morgen einmal kurz aufbacken).

Fertigstellen

1. Backofen auf 200°C vorheizen.
2. Wasser in einem Topf zum Kochen aufstellen.
3. Waffeleisen vorheizen oder Pfanne mit Butter auf den Herd stellen.
4. *Spargel waschen und trimmen, Eier einstechen.*
5. *Lachscreme und Kipferln nach Anleitung zubereiten und backen.*
6. *Spargel nach Anleitung kochen (Küchenuhr stellen!).*
7. *Melonenkugeln ausstechen und in zwei Gläser füllen.*
8. Eier für die Waffeln mit den restlichen Zutaten verrühren und die Toastscheiben darin einweichen.
9. *Spargel aus dem Wasser nehmen (Topf für die Eier stehen lassen) und kalt abschrecken.*
10. Prosciutto um den Spargel wickeln.
11. Nach den Kipferln sehen!
12. Bananenshake zubereiten.
13. Eier in das kochende Wasser geben (Küchenuhr stellen!).
14. Waffeln backen.
15. Eier kalt abschrecken.
16. Melonen mit Champagner aufgießen und alles servieren!

Morning After

Gehen wir davon aus, das vorangegangene Verführungsmenü war ein Erfolg und Sie haben einen Gast zum Frühstück. Dann setzen Sie doch gleich noch einen drauf und servieren Sie ein ausgefallenes Verwöhnfrühstück nebst Luft und Liebe! Berechnung ist hier die Devise: Kaufen Sie für das Frühstück am Vortag ein, für alle Fälle. Sollten Sie aus irgendeinem unerfindlichen Grund allein aufwachen, denken Sie sich nichts dabei. Genießen Sie das Frühstück allein oder laden Sie die beste Freundin oder einen guten Kumpel dazu ein. Oder schmeißen Sie überhaupt gleich eine spontane Brunchparty – diese Rezepte sind für jeden Fall geeignet. Und im Übrigen stehen Sie für dieses Frühstück keine zwei, sondern etwa 40 Minuten in der Küche. Dabei können Sie ja Kaffee und Gesellschaft genießen!

Champagner mit Melonenkugeln

Muntermacher mit Vitaminen: Stechen Sie mit einem Parisienneausstecher etwa 12 kleine Kugeln von einer Zucker- oder Honigmelone (oder von beiden) aus, geben Sie diese in ein Glas und füllen Sie es mit Champagner auf. Prosecco geht natürlich auch!

Frischkäse-Lachs-Kipferln

50 g Räucherlachs
2 EL neutraler Streichkäse
1 EL Dill, gehackt
Salz und Pfeffer
1 Blatt Blätterteig
1 Eidotter

Den Räucherlachs in kleine Stücke schneiden und mit dem Streichkäse und dem Dill verrühren, mit Salz und Pfeffer abschmecken. Einen Streifen von etwa 7 bis 10 cm vom Blätterteig ab- und in Dreiecke schneiden. Die Käse-Lachs-Mischung auf den Dreiecken verstreichen, diese einrollen und zu Kipferln formen. Mit dem verquirlten Eidotter bestreichen und bei 200 °C etwa 10 Minuten goldgelb backen.

Weiche Eier mit Prosciuttospargel

Manche (wie ich) tauchen gerne Butterbrotstreifen in ein weiches Ei. Spargel eignet sich dazu auch besonders gut!

4 St. grüner Spargel
2 Eier
4 Scheiben Prosciutto

Das untere Viertel vom Spargel wegschneiden und den Rest schälen. Die Eier mit einer Nadel einstechen. Den Spargel in Salzwasser etwa 5 bis 6 Minuten kochen. Die Eier etwa 4 bis 5 Minuten mitkochen und beides danach unter laufendem Wasser kalt abschrecken. Die Prosciuttoscheiben um den Spargel wickeln und mit den Eiern servieren.

Mit mehr Zeit
Echte Waffeln

„Echte" Waffelrezepte gibt es zuhauf: mit Hefe, mit Nüssen, mit Obers oder pikant – ein Waffeleisen kann durchaus vielfältig eingesetzt werden. Falls Sie keines haben, können Sie dieses gute, schnelle Rezept für Waffelteig auch als kleine Pancakes in der Pfanne backen.

- 4 Eier
- 100 g Zucker
- 125 g Butter
- 100 g geriebene Mandeln
- Mark einer Vanilleschote
- 250 ml flüssiges Obers
- 150 g Mehl
- 1 Prise Salz

Die Eier trennen und die Eidotter mit dem Zucker schaumig schlagen. Danach die Butter dazugeben und weiter zu einer cremigen Masse schlagen. Die Mandeln, das Vanillemark und danach das Obers gut einrühren. Das Mehl auf die Masse sieben und unterziehen. Das Eiklar mit dem Salz cremig aufschlagen und vorsichtig unterheben.

Etwa einen Suppenschöpfer voll auf die Mitte des warmen Waffeleisens geben und etwas verteilen, dann verschlossen goldgelb backen.

Für Pancakes geben Sie pro Pancake je 1 EL von der Masse in eine heiße Pfanne mit Butter. Wenn die Unterseite knusprig ist, wenden Sie die Pancakes und backen sie auf der anderen Seite fertig.

Genießen Sie die Waffeln oder Pancakes warm mit etwas Zucker oder Marmelade oder lassen Sie sie auf einem Kuchengitter auskühlen. Darauf bleiben die Pancakes knusprig!

Falsche Waffeln mit Marmelade

Die „falschen Waffeln" sind einfach French Toast im Waffeleisen gebacken. Wenn Sie kein Waffeleisen haben, können Sie French Toast auch in einer Pfanne mit heißer Butter goldgelb braten.

- 2 Eier
- 3 EL Milch
- 1–2 EL Zucker
- 1 Prise Zimt
- 2–4 Scheiben Toast ohne Rinde

Die Eier in einem Suppenteller mit Milch, Zucker und Zimt verquirlen. Die Toastscheiben hineinlegen und darin wenden. Legen Sie die Toastscheiben dann so in das heiße Waffeleisen, dass die Waffelform bedeckt ist. Die Toastscheiben können überlappen, drücken Sie das Waffeleisen gut zu, damit die beiden Toastscheiben zusammenbacken. In etwa 3 bis 5 Minuten goldgelb backen. Mit Marmelade oder Staubzucker servieren.

Bananen-Kokos-Shake mit Honig

2 Bananen
200 ml Kokosmilch
2 TL Honig
Kokosspäne zum Garnieren

Die Bananen und die Kokosmilch in einem Mixer pürieren. Gießen Sie die Kokosmilch nach und nach zu, dann können Sie die Konsistenz nach Belieben bestimmen. In Gläser füllen und den Honig und die Kokosspäne darüber geben.

Mit mehr Zeit Bananen-Kokos-Mousse

Hier ist die Dessertvariante des Shakes.

5 Blatt Gelatine
2 EL Zucker
2 EL Wasser
200 ml Obers
2 Bananen
200 ml Kokosmilch
Kokosspäne oder -raspeln

Die Gelatine in eiskaltem Wasser einweichen. Das Wasser mit dem Zucker aufkochen, bis der Zucker aufgelöst ist. Die zuvor in eiskaltem Wasser eingeweichte Gelatine einrühren und vollständig auflösen, dann beiseite stellen. Das Obers cremig (aber nicht zu fest) aufschlagen. Die Bananen mit der Kokosmilch im Mixer pürieren, die Gelatine-Zucker-Lösung dazumixen, dann in eine Schüssel geben und das Obers gut unterheben. In einer Schüssel oder in Portionsgläsern im Kühlschrank stocken lassen. Vor dem Servieren mit Kokosspänen oder -raspeln bestreuen.

Tipp

Sie können auch Buttermilch oder Jogurt anstelle der Kokosmilch nehmen.

Küchenablaufplan

Wenn Sie schon sehr früh zu Ihrem Picknickausflug aufbrechen möchten, können Sie alles am Vorabend zubereiten, den Lachs können Sie dann erst am Morgen kurz im Backofen fertig garen und die Wachteln schmecken auch kalt sehr gut!

1. Backofen auf 160 °C vorheizen.
2. Brotteig anrühren und für die nächsten 30 bis 45 Minuten gehen lassen.
3. Gugelhupfe nach Anleitung zubereiten und backen (Küchenuhr stellen!).
4. Knoblauch und Zwiebel für Gazpacho schneiden, mit dem Brot einweichen.
5. Restliches Gemüse vorbereiten und Gazpacho nach Anleitung zubereiten und kalt stellen.
6. Wachteln nach Anleitung zubereiten und im Brotteig verpacken. Bereitstellen, bis der Kuchen fertig ist, dann den Backofen auf 180 °C drehen und backen.
7. Gemüse und Käse für den Salat zubereiten, bereitstellen.
8. Schalotten für den Lachs schneiden.
9. Sud nach Anleitung zubereiten.
10. Lachs und Kräuter in Gläser füllen.
11. Paprika aushöhlen, mit Gemüse füllen und einpacken.
12. Salatsauce zubereiten.
13. Lachs mit dem heißen Sud aufgießen und kurz im Backofen fertig garen.
14. Gazpacho in Thermoskanne füllen.
15. Picknickkorb fertig einpacken und ab ins Vergnügen!

Zum Mitnehmen

Fürs Picknick im Grünen, als edles Reiseproviant oder um die Leberkässemmel verwöhnten Bürokollegen zum Nachdenken zu bringen – hier ist ein tragbares Menü für jede Gelegenheit außer Haus. Natürlich können Sie es auch als Sommermenü im Garten genießen oder es Ihren Liebsten als besonderes Fast Food hinterlassen, wenn Sie mal einen Abend etwas anderes vorhaben, als live zu kochen. Besonders die Gugelhupfe erfreuen sich nach meiner Erfahrung größter Beliebtheit.

Gurkengazpacho

1 Frühlingszwiebel
2 Knoblauchzehen
3 Scheiben Ciabatta oder Baguette
500 ml kalte Gemüsebrühe
2 Gurken
Blätter von 3–4 Estragonzweigen
125 ml Becher Jogurt
Salz, Pfeffer

Knoblauch und Zwiebel grob hacken und in eine Schüssel mit dem Brot und etwas von der Brühe geben. Die Gurken schälen und in grobe Stücke schneiden. Wenn das Brot aufgeweicht ist, alle Zutaten im Mixbecher pürieren. Gießen Sie die Brühe nach und nach zu, bis das Gazpacho die gewünschte Konsistenz hat. Mit Salz und Pfeffer abschmecken und etwa 1 bis 2 Stunden durchkühlen.
Zum Mitnehmen in eine Thermoskanne füllen, so bleibt der Gazpacho bis zum Verzehr kalt.

Für daheim

Als leichte sommerliche Vorspeise können Sie den Gazpacho auch geliert servieren. Erhitzen Sie dazu etwas von der Brühe, lösen Sie darin 4 Blatt eingeweichte Gelatine auf und geben Sie die Gelatine mit den restlichen Zutaten in den Mixer. In kleine Gläser füllen und mindestens 4 Stunden kalt stellen. Dazu passen kurz gebratene Garnelen, die Sie in der Pfanne mit einem Schuss Pernod ablöschen.

Paprika-Salat-Schüsseln

6 große Paprika
1 Gurke
2 Karotten
1 Zucchini
2 Selleriestangen
1 Kohlrabi
200 g Feta oder anderer schnittfester Frischkäse
1 Bd. Schnittlauch

Sauce

3 EL Weißweinessig
1 TL Senf
9 EL Olivenöl
Salz, Pfeffer
frische Kräuter nach Wahl

Die Paprika am oberen Rand aufschneiden und aushöhlen. Das restliche Gemüse putzen, in kleine Würfel schneiden und in eine große Schüssel geben. Den Käse ebenfalls in kleine Würfel schneiden oder mit den Fingern in die Schüssel mit dem Gemüse bröseln. Den Schnittlauch hacken und alles gut in der Schüssel vermengen. Das Gemüse in die Paprika füllen und die Paprikadeckel wieder draufgeben. Die einzelnen Paprika in Klarsichtfolie einpacken und bis zum Ausflug im Kühlschrank bereitstellen.
Für die Sauce alle Zutaten in ein verschließbares Glas oder eine Flasche geben, gut verschließen und kräftig schütteln. Fertig!
Vor dem Essen brauchen Sie die Sauce nur nochmals gut durchschütteln und dann über das Gemüse in den Paprika träufeln!

Tipp

Wenn Sie den Lachs im Büro als Mittagessen genießen wollen, lassen Sie den Sud auskühlen, bevor Sie ihn in das Glas füllen. Stellen Sie das verschlossene Glas in der Teeküche in den Kühlschrank und garen Sie den Lachs vor dem Essen im verschlossenen Glas etwa 10 bis 15 Minuten im heißen Wasserbad am Herd.

Lachs im Rexglas

8 große Schalotten (oder mehrere kleine)
1 EL Butter
125 ml Noilly Prat
1 g Safran
1 l Gemüse- oder Fischbrühe
6 dünne Scheiben Lachsfilet, mit oder ohne Haut
Salz, Pfeffer
6 Dillzweige

Die Schalotten schälen und in Ringe schneiden. Die Butter in einer Pfanne zerlassen, die Schalotten dazugeben, salzen und bei mittlerer Hitze andünsten. Sie sollten keine Farbe nehmen, sondern glasig werden. Nach etwa 5 Minuten den Noilly Prat zugießen, den Safran dazugeben und etwas einkochen lassen. Die Brühe zugießen und alles einmal aufkochen. Die Schalotten sollten schön weich sein.
In der Zwischenzeit die Lachsfilets waschen, trockentupfen, dann salzen und pfeffern und mit je einem Dillzweig in 6 saubere Rexgläser mit Bügelverschluss geben. Wenn der Schalottensud fertig ist, die Schalotten und den Sud auf die Gläser aufteilen. Die Filets sollten bedeckt sein. Gleich verschließen und im heißen Backofen etwa 5 Minuten ziehen lassen. Bis zum Verzehr zieht der Fisch nach. Die Filets sind dann im Kern noch glasig und können auch kalt gegessen werden.

Wachteln
im Brotteig

Auch sehr praktisch zum Mitnehmen, denn Sie brauchen die fertigen Wachtelbrote nur in Alufolie einpacken (das geht auch, wenn sie noch warm sind) und in den Picknickkorb stecken! Die Wachteln bleiben im Brot noch einige Zeit warm und schmecken auch ausgekühlt gut.

Für den Brotteig verwende ich das Focacciarezept, das im Kapitel „Spontan" (Seite 33) angeführt ist. Das Öl können Sie weglassen, da die Wachtel beim Backen Saft abgibt. Die Teigmenge genügt für 4 bis 6 Wachteln, je nachdem, wie dick Sie den Brotmantel möchten. Lassen Sie den Teig etwa 30 Minuten gehen. In der Zwischenzeit können Sie die Wachteln vorbereiten:

6 Wachteln
6 EL Butter
6 Knoblauchzehen
6 Rosmarinzweige
6 Thymianzweige
grobes Meersalz (normales geht auch)
Pfeffer
etwas Olivenöl zum Bestreichen

Die Wachteln innen gut auswaschen und von den Innereien befreien, dann mit Küchenpapier abtrocknen. Jede Wachtel mit je 1/2 EL Butter, einer ganzen, zerdrückten Knoblauchzehe und einem Thymian- sowie Rosmarinzweig füllen, salzen und pfeffern. Die Öffnungen der Wachteln mit einem Zahnstocher verschließen. Anschließend noch etwas Butter auf die Wachteln geben.

Den Teig nach dem Gehen nochmals gut durchkneten und in 6 gleiche Portionen aufteilen. Die Teigportionen flach rollen und die Wachtel verkehrt auf ein Teigstück legen. Nun die Teigränder auf der Unterseite der Wachtel zusammenschlagen und gut verkneten, damit sie beim Backen nicht aufgehen. Die Wachtel umdrehen und auf ein mit Backpapier ausgelegtes Backblech legen.

Wenn alle Wachteln eingepackt sind, die Brote mit Öl bestreichen und bei 180 °C etwa 30 bis 40 Minuten backen, bis der Teig goldgelb ist.

Tipp

Sie können auch Stubenküken oder ein ganzes Huhn nehmen. Rechnen Sie für ein ganzes Huhn mit einer Garzeit von etwa einer Stunde. Wenn der Brotteig dunkel wird, decken Sie ihn während des Backens mit Alufolie ab.

Apfel-Nuss-Gugelhupfe

Genau genommen handelt es sich bei diesem Rezept nicht um einen Gugelhupf, denn der Teig des Originalrezepts wird mit Hefe gemacht. Aber das hat bis jetzt noch niemanden gestört, der diesen Kuchen gegessen hat. Natürlich können Sie den Teig auch als Muffins oder in einer großen Gugelhupfform backen oder flach auf ein Backblech streichen und aufschneiden.

4 Eier
250 g Zucker
250 g Butter
2 kleine Äpfel (oder 1 großer), geraspelt
100 g Schokolade, gehackt
100 g Walnüsse, gehackt
1 Ei
250 g Mehl
1 EL Backpulver
1 Prise Salz
Butter und Semmelbrösel oder
gemahlene Nüsse für die Backformen
Staubzucker zum Bestreuen

4 Eier trennen, Eidotter und das ganze Ei mit Zucker cremig aufschlagen, Butter dazugeben und weiterschlagen, bis die Masse homogen und cremig ist. Die geraspelten Äpfel, Schokolade und Nüsse einrühren, dann das Mehl und das Backpulver darauf sieben und vorsichtig unterheben. Das Eiklar mit der Prise Salz cremig aufschlagen, dann ebenfalls vorsichtig unter die restliche Masse heben. 12 kleine Guglhupfförmchen oder 2 Muffinbleche oder eine große Guglhupfform ausbuttern und mit Bröseln oder gemahlenen Nüssen auskleiden. Die Masse (nicht ganz bis zum Rand!) einfüllen und bei 160 °C etwa 25 Minuten backen. Ein großer Gugelhupf braucht etwa 50 bis 55 Minuten. Machen Sie eine Garprobe mit einem Holz- oder Metallspieß, indem Sie ihn in den Kuchen stecken. Wenn am Spieß kein Teig mehr kleben bleibt, ist der Kuchen fertig.

Die fertigen Gugelhupfe mit Staubzucker bestreuen und lose in Backpapier einwickeln, wenn sie schon etwas ausgekühlt sind. Zum Mitnehmen könnten Sie die Kuchen aber auch in den Formen mitnehmen, so lassen sie sich leichter transportieren.

Küchenablaufplan

Am Vortag

Tomatensauce – Fleischbällchen – Erdbeercreme

Bevor die Kinder einfallen

1. Backofen auf 180 °C vorheizen.
2. *Erdbeercreme nach Anleitung zubereiten und kalt stellen.*
3. Crêpeteig machen und im Kühlschrank ziehen lassen.
4. *Semmeln für Fleischbällchen einweichen.*
5. *Zwiebeln und Basilikum für die Tomatensauce schneiden und Sauce nach Anleitung zubereiten.*
6. *Fleischbällchen nach Anleitung zubereiten und anbraten, bereitstellen.*
7. Toastscheiben vortoasten.
8. Nebenbei die Crêpes backen, dann bereitstellen.
9. Kartoffeln nach Anleitung zubereiten und in den Backofen geben.
10. Toasts nach Anleitung zubereiten und auf ein Backblech legen, mit Alufolie zudecken und bereitstellen.
11. Tomatensauce in eine Auflaufform füllen, Fleischbällchen draufgeben und bereitstellen.
12. Kartoffeln aus dem Backofen nehmen und mit Alufolie bedeckt warm halten.

Fertigstellen

1. Die Toasts auf die zweite Schiene von oben, Fleischbällchen darunter in den Backofen geben.
2. Toasts servieren.
3. Fleischbällchen und Kartoffeln servieren.
4. Crêpes aufwärmen und servieren.
5. Erdbeercreme servieren.

KINDERGEBURTSTAG

Es gibt wohl kaum ehrlichere Gastrokritiker als Kinder. Wenn es ihnen nicht schmeckt, lassen sie das Essen im besten Fall einfach stehen, im schlimmsten Fall spucken sie es wieder aus und tun ihre Meinung lauthals kund. Und wenn es ihnen schmeckt, kommt das Kompliment in Form eines leer gefegten Buffets. Natürlich können Sie sich das Leben leicht machen, indem Sie Würstel kochen und Chips verteilen, das hat auch seine Berechtigung und erntet selten Protest. Mit den folgenden Rezepten punkten Sie bestimmt auch. Und hier und da können Sie den Kleinen sogar ein paar Vitamine unterjubeln, ohne dass sie es merken werden. Variationen für die Geburtstagsparty erwachsener Kinder bis 80 sind auch angeführt – so können Sie bei großen Feiern mit Familie und Freunden plus Nachwuchs ohne viel Aufwand aus den Grundrezepten zwei Varianten zaubern und gleich doppelt Komplimente ernten!

„Croque-Enfant"

Na gut, nennen wir es Schinken-Käse-Toast. Die französische Bistrovariante kommt als *Croque-Monsieur* daher, mit einem Ei als *Croque Madame*. Für die Kleinen können Sie den Toast in etwa 3 bis 4 cm breite Stangen schneiden, die leichter mit den Fingern zu essen sind.

Zutaten für 10 Kinder
14 große Toastscheiben ohne Rinde
Butter
ca. 250 g Mozzarella, gerieben
(‚Pizzakäse' aus der Packung geht auch)
20 hauchdünne Scheiben gekochter Beinschinken

Die Brotscheiben im Toaster leicht vortoasten und dann alle Scheiben auf einer Seite mit Butter bestreichen. Die Hälfte der Toastscheiben mit Käse bestreuen und die restlichen mit der Butterseite nach innen darauf legen. Nun jeden Toast in drei Streifen schneiden und jeden Einzelnen mit dem Schinken umwickeln. Auf ein Backblech mit Backpapier legen und vor dem Servieren etwa 5 bis 10 Minuten im 200 °C heißen Backofen backen.

Zutaten für 10 Erwachsene
Rechnen Sie einen halben Toast pro Person
als Aperitifhappen.
10 Toastscheiben
Butter
5 Scheiben gekochter Beinschinken
150 g geriebener Gruyère
1 TL Senf
50 ml Schlagobers
Pfeffer

Die Toastscheiben (ungetoastet) auf beiden Seiten buttern und die Hälfte davon mit Schinken belegen. Den Käse mit dem Senf und dem Schlagobers im Mixer pürieren und die Käsemasse großzügig pfeffern. Auf den belegten Toastscheiben verteilen, mit den anderen Toastscheiben zudecken und im Sandwichtoaster, im Backofen bei 200 °C oder in der Pfanne goldgelb und knusprig backen. Die Toasts quer in Dreiecke schneiden und heiß servieren. Mit einem guten gemischten Salat geht das auch als Vorspeise durch!

Polpettini in Tomatensauce

Tomatensauce

1 kleine Zwiebel, gehackt
etwas Öl
1 EL Zucker
etwa 1 kg geschälte Tomaten
oder 700 ml passierte Tomaten
Salz
etwas Basilikum, fein gehackt
etwas Salz und Pfeffer

Die Zwiebel in etwas Öl anschwitzen, dann 1 EL Zucker dazugeben und leicht karamellisieren. Die Tomaten und das Salz dazugeben und etwa 15 Minuten einkochen. Das gehackte Basilikum unterrühren, mit Pfeffer abschmecken und die Sauce in eine Auflaufform füllen.

Kleine Fleischbällchen

(ca. 25–30 Stück)
Diese können Sie vorbereiten,
während die Sauce kocht.
1 altbackene Semmel
200 ml warme Fleisch- oder Gemüsebrühe
250 g faschiertes Rindfleisch
250 g faschiertes Schweine- oder Lammfleisch
1 kleine Zwiebel, fein gehackt
1 TL mildes Paprikapulver
1 TL Tomatenmark
Salz

Die Semmel in der Brühe einweichen und dann die überschüssige Flüssigkeit gut ausdrücken. Alle Zutaten gut vermengen und mit feuchten Händen kleine (etwa kirschtomatengroße) Bällchen formen. Wenn die Masse zu weich ist, können Sie etwas Semmelbrösel dazugeben. Die Bällchen in einer Pfanne mit heißem Öl schnell von allen Seiten anbraten und auf der Tomatensauce in der Auflaufform verteilen.

Etwa 15 bis 20 Minuten vor dem Servieren in den 180 bis 200 °C heißen Backofen schieben und fertig garen. Die Fleischbällchen etwas auskühlen lassen, dann in jedes Fleischbällchen einen halbierten bunten Strohhalm stecken und die Auflaufform auf das Kinderbuffet stellen.

Variante: ‚orientalisch'

Für aufgeschlossene Genießer können Sie aus diesem Grundrezept mit einigen zusätzlichen Zutaten orientalische Fleischbällchen machen. Die Tomatensauce kann für diese Variante mit Chili und frischem Koriander statt Basilikum gewürzt werden. Oder Sie braten die Fleischbällchen in der Pfanne fertig und servieren Gurkenjogurt mit Minze dazu. Nehmen Sie für dieses Rezept vorzugsweise Lamm- statt Schweinefleisch!

1 Knoblauchzehe, gehackt
1 TL gemahlener Kreuzkümmel
1 TL gemahlener Kardamom
1/2 TL gemahlener Zimt
1 EL Rosinen
1/2 Bd. Minze, fein gehackt
etwas Pfeffer

Alle Zutaten in die Fleischmasse mengen. Sie können die Fleischbällchen vor dem Anbraten in Sesam oder gemahlenen Mandeln wälzen.

Gurkenjogurt mit Minze

1 Gurke
1 Knoblauchzehe, gehackt
200 ml Schafjogurt
1/2 Bd. Minze, fein gehackt
1 Prise Kreuzkümmel
1 Prise Chilipulver
Salz, Pfeffer

Die Gurken auf der groben Seite der Reibe raspeln und in Salz etwa 15 Minuten ziehen lassen, dann das überschüssige Wasser ausdrücken. Jetzt die Gurken mit den restlichen Zutaten vermengen und zu den orientalischen Fleischbällchen servieren.

Ofenchips

2 kg speckige Kartoffeln
Salz
etwas Öl

Die Kartoffeln gut unter fließendem Wasser abbürsten und mit der Schale längs in grobe Schnitzer schneiden. Auf ein geöltes Backblech (besser noch: das Backblech mit Backpapier auslegen) verteilen und mit etwas Öl begießen und salzen. Bei 180 bis 200 °C brauchen die Chips etwa 30 Minuten im Backofen, bis sie außen schön knusprig und innen weich sind, Sie können die Chips aber auch länger im Backofen lassen, um sie warm zu halten. Wenden Sie diese während der Garzeit ab und zu, damit die Chips regelmäßig bräunen.

Lassen Sie für Kinder intensive Aromen wie Rosmarin oder Knoblauch weg, Kinder mögen das nicht besonders.
Bei der Version für Erwachsene können Sie dann wieder jede Menge davon dazugeben und mitbraten: Ganze Knoblauchzehen in der Schale, Rosmarin- und Thymianzweige, grobes Meersalz und schwarzen Pfeffer aus der Mühle. Diese Kartoffeln sind auch ideale Begleiter für jedes Grillfest und jede Gartenparty und passen hervorragend zu dem Gurkenjogurt im Rezept oben!

Crêpes

Nehmen Sie für die Crêpes Ihr vertrautes Palatschinkenrezept oder machen Sie mit folgendem Rezept ganz dünne Crêpes, die Sie vorbacken, auf einen Teller stapeln und nach Bedarf in einer Pfanne mit etwas heißer Butter wieder aufwärmen können. Der Vorteil bei den dünnen Crêpes ist (für Kinder), dass man mehr davon essen kann, bevor man platzt, und für Erwachsene können Sie die hauchdünnen Crêpes mit etwas Grand Marnier und Zucker in der Pfanne flambieren und haben damit ein feines Dessert.

Zutaten für etwa 20 Stück
175 g Mehl
3 Eier
350 ml Milch
1 EL Zucker
1 Prise Salz
40 g Butter, zerlassen
1 EL Cognac (für Erwachsene)
Öl
1 Wattebausch

Alle Zutaten zu einem glatten, eher flüssigen Teig verrühren und mindestens 20 Minuten zugedeckt ziehen lassen. Erhitzen Sie eine beschichtete Pfanne mit möglichst niedrigem Rand. Tauchen Sie den Wattebausch in Öl und reiben Sie die Pfanne damit (zwischen jeder Crêpe) aus. Geben Sie so viel von dem Teig in die Pfanne, wie Sie brauchen, um den Pfannenboden dünn mit Teig zu bedecken. Schwenken Sie dazu die Pfanne leicht schräg in alle Richtungen, damit der Teig sich verteilt. Wenn der Teig zu zähflüssig ist, geben Sie noch etwas Milch dazu. Nach etwa einer halben Minute können Sie die Crêpe wenden und nochmals eine halbe Minute auf der anderen Seite backen. Stapeln Sie die Crêpes auf einem Teller. Zum Aufwärmen erhitzen Sie etwas Butter in der Pfanne und geben die Crêpes nacheinander nochmals kurz hinein oder Sie geben den Teller mit den abgedeckten Crêpes in den Backofen und wärmen Sie so auf. Knuspriger werden Sie in der Pfanne! Nun können Sie entweder einen Stapel Crêpes und dazu Gläser mit verschiedenen Marmeladen, Schokoaufstrich und Zucker zum „Selberstreichen" auf den Tisch stellen oder Sie bestreichen die

Crêpes gleich nach dem Backen mit der bestellten Fülle und rollen sie ein oder falten sie zweimal. So kann man die Crêpes auch gut mit den Händen essen (Marmeladeflecken gibt es sowieso immer).

Für Große
je 1 Crêpe
Butter (etwa einen halben EL pro Person)
Zucker (etwa 1 EL pro Person)
Saft und Zeste einer unbehandelten Orange
Orangenlikör (Grand Marnier)

Die Butter mit dem Zucker und der Orangenzeste vermischen, die fertigen Crêpes damit bestreichen und doppelt falten. In einer größeren Pfanne noch etwas Butter zerlassen, die gefalteten Crêpes hineingeben und bei starker Hitze etwas karamellisieren lassen. Nun mit einem Schuss Orangensaft ablöschen, dann den Grand Marnier dazugeben und flambieren. Sehr heiß servieren.

Meine Lieblingsvariante

Etwas Butter auf einer fertigen Crêpe in einer heißen Pfanne zerlassen, 1 EL Zucker darüber streuen, den Saft einer halben Zitrone dazugeben und braten, bis der Zucker leicht karamellisiert und der Zitronensaft vollständig einreduziert ist.

Erdbeercreme

20 Löffelbiskuits
250 g reife Erdbeeren
3 EL Zucker oder mehr nach Belieben
Mark einer Vanilleschote
250 g Topfen
200 g cremiges Jogurt

Die Löffelbiskuits zerbröseln und mit den restlichen Zutaten in den Mixer geben, alles gut pürieren. Durch das Löffelbiskuit bekommt die Creme beim Kühlen eine luftige Konsistenz. In eine große Schüssel umfüllen und etwa 1 bis 2 Stunden kalt stellen. Fertig!

Tipp

Erfahrungsgemäß ist dieses Dessert ohne viel mehr Firlefanz bei Groß und Klein ein Renner. Als elegantere Alternative können Sie die Creme auch in kleine Portionsformen füllen und einfrieren, dann gefroren auf Teller stürzen und als „Parfait", mit Erdbeerscheiben und Minze garniert, servieren. Nehmen Sie die Formen etwa 10 Minuten vor dem Servieren aus dem Tiefkühler und tauchen Sie den Boden der Formen kurz in heißes Wasser, damit sich die geeiste Creme leichter stürzen lässt.

Küchenablaufplan

Auch bei diesem Menü können Sie einiges schon bis zu zwei Tage im Voraus zubereiten, wenn Sie genug Platz im Kühlschrank haben, um alles gut einzukühlen.

Am Vortag

Zwiebelsuppe – Sektkraut – Rotweinpflaumen für die Tauben – Wurzelgemüse für das Püree dünsten – Parfait

Bevor die Gäste eintreffen

1. Backofen auf 100 °C vorheizen.
2. *Amaretto aufkochen, dann vom Herd nehmen.*
3. *Zwiebeln für Suppe und Sektkraut sowie Kraut schneiden und bereitstellen.*
4. Prosciutto in den Backofen geben (Küchenuhr auf 1 Stunde stellen, danach herausnehmen).
5. *Zwiebeln für die Suppe andünsten.*
6. *Parfait zubereiten und einfrieren.*
7. *Rotwein mit Pflaumen für die Taube zubereiten.*
8. *Zwiebelsuppe aufgießen.*
9. *Wurzeln für Püree schneiden und zum Dünsten aufstellen*
10. *Kraut aufstellen und immer wieder aufgießen und umrühren.*
11. Petersilie hacken, Forellenfilets vorbereiten und einkühlen.
12. Täubchen säubern, würzen und bereitstellen.
13. *Suppe pürieren, fertig abschmecken und im selben Topf zugedeckt beiseite stellen.*
14. *Wurzeln pürieren und bereitstellen.*
15. Tauben anbraten und mit den Rotweinpflaumen und Maroni in einer Bratenform bereitstellen.
16. Kartoffel reiben und Saft in das Kraut rühren, Kraut fertig abschmecken und Flamme abdrehen.
17. Weißbrot für die Croûtons schneiden.
18. Orangen für den Glühwein schneiden und Glühwein aufstellen.
19. Backofen auf 180 °C vorheizen.

Fertigstellen

1. Suppe zum Aufwärmen auf kleine Flamme stellen.
2. Glühwein servieren.
3. Croûtons anrösten, Prosciutto kurz im Backofen aufwärmen, Suppe servieren.
4. Kraut aufwärmen und Lachsforelle anbraten.
5. Tauben in den Backofen geben.
6. Fischgang servieren.
7. Wurzelpüree in heißer Milch aufwärmen und abschmecken, Tauben servieren.
8. Parfait aus dem Tiefkühler nehmen (wenn Sie Obst flambieren, können Sie das jetzt schnell machen), nach etwa 10 Minuten im tiefkühler stürzen und servieren.

Frohes Fest!

WEIHNACHTEN

Wenn Sie traditionsbewusste Verwandtschaft bekochen, könnte es natürlich problematisch sein, vom gewohnten Weihnachtsmenü abzuweichen. Aber vielleicht feiern Sie ja mal zu zweit oder mit Freunden, die gerne auch was Neues ausprobieren. Mit diesem Festtagsmenü müssen Sie nicht schon um 6 Uhr in der Früh aufstehen, um die Gans in den Backofen zu schieben, denn die kleinen Vögel brauchen nur etwa 30 Minuten. Auch die restlichen Gänge sind schnell zubereitet. Einiges könne Sie schon bis zu zwei Tage im Voraus zubereiten, wenn Sie genügend Platz im Kühlschrank haben, um alles gut einzukühlen. Da bleibt genug Zeit, die letzten Geschenke einzupacken, den Baum zu schmücken und regelmäßig von dem Glühwein zu kosten, den Sie am besten gleich als Erstes aufsetzen.

Der beste Glühwein

Für Glühwein brauchen Sie nicht Ihre beste Flasche im Weinkeller zu entstauben, aber mit einem billigen Fusel werden Sie eher Kopfweh als Freude haben. Nehmen Sie einen einfachen Wein, den Sie auch durchaus „ungekocht" trinken würden.

Pro Liter Wein
4 EL Zucker
4 große, saftige Orangenscheiben
2 Zimtstangen
4 Nelken
3 Kardamomkapseln
1 Sternanis

Lassen Sie den Zucker in einem Topf karamellisieren. Geben Sie die Orangenscheiben dazu, einmal umrühren und dann den Wein und die Gewürze zugießen. Das Karamell wird beim Aufgießen fest, es löst sich aber beim Erhitzen wieder auf. Der Glühwein sollte sieden, aber nicht kochen.
Servieren Sie zum Glühwein einige gebratene Maroni, aber nicht zu viele, da Maroni ziemlich sättigend sind!

Weiße Zwiebelcremesuppe mit Croûtons und knusprigem Prosciutto

50 g Butter
1 kg weiße Zwiebeln, geschält, halbiert und in grobe Würfel geschnitten
einige Thymianzweige
2–3 Lorbeerblätter
ca. 125 ml Weißwein
750 ml Hühnerbrühe
200 g Crème fraîche
Salz, Pfeffer

Die Butter in einem Topf erhitzen und die Zwiebeln, Thymian und Lorbeer darin ca. 15 Minuten dünsten. Dabei immer wieder umrühren, damit die Zwiebeln keine Farbe annehmen. Mit Weißwein ablöschen, dann mit der Brühe aufgießen und noch ca. 15 Minuten köcheln lassen. Mit dem Mixstab pürieren und die Crème fraîche dazumixen. Mit etwas mehr Brühe können Sie die Suppe nach Belieben flüssiger machen. Mit Salz und Pfeffer abschmecken und sehr heiß servieren.

Außerdem
6 Scheiben Prosciutto
6 Scheiben Baguette
etwas Olivenöl, Thymian und Meersalz

Die Prosciuttoscheiben auf Backpapier legen und bei etwa 100 °C im Backofen ca. 1 Stunde knusprig braten. Der Prosciutto bleibt auch kalt knusprig oder Sie wärmen ihn vor dem Servieren nochmals kurz im warmen Backofen. Die Baguette in kleine Würfel schneiden und mit etwas Olivenöl, Thymian und Meersalz in einer Pfanne bei mittlerer Hitze goldgelb und knusprig werden lassen.
Die Suppe vor dem Servieren mit dem Prosciutto und den Croûtons garnieren.

Mit mehr Zeit Blätterteig-Speck-Stangerln

1 Blatt Blätterteig
2 Eier, verquirlt
8–10 Scheiben hauchdünn geschnittener Speck (oder Prosciutto)
Pfeffer

Den Blätterteig mit etwas Ei bestreichen und die Hälfte mit Speck belegen. Pfeffern und die leere Blätterteighälfte darüber klappen und mit den Händen gut andrücken. Mit einem scharfen Messer in dünne Streifen schneiden und diese um die Längsachse verdrehen, sodass Spiralen entstehen. Mit dem restlichen Ei bestreichen und bei 200 °C etwa 5 bis 7 Minuten goldgelb backen. Das ist auch ein sehr beliebter Aperitifbegleiter!

Tipp

Das Kraut können Sie vorkochen und dann aufwärmen. Die Forellenfilets können Sie auf der Hautseite auf einen Teller mit der Petersilie und Stärke legen und mit Frischhaltefolie abgedeckt im Kühlschrank aufbewahren. So müssen Sie sie nur noch im letzten Moment anbraten.

Knusprige Lachsforelle mit Sektkraut

Kraut

6 EL Zucker
2 Zwiebel, in Streifen geschnitten
1 EL Gänseschmalz (ersatzweise Speiseöl)
3–4 Lorbeerblätter
750 g Weißkraut, fein nudelig geschnitten
750 ml Sekt (oder Champagner)
1 kleine Kartoffel
Salz, Pfeffer

Den Zucker karamellisieren, dann die Zwiebelstreifen dazurühren. Das Gänseschmalz beifügen und alles unter Rühren gut anrösten. Dann etwas Salz, die Lorbeerblätter und das Kraut dazugeben. Gießen Sie nun nach und nach bei niedriger Hitze den Sekt bzw. Champagner dazu und rühren Sie dabei regelmäßig um. Die Flüssigkeit sollte zwischen dem Aufgießen immer wieder einreduzieren. Das dauert etwa 30 Minuten, aber Sie müssen dabei nicht dauernd rühren. Bevor Sie die letzte Portion Sekt einrühren, die Kartoffel auf einer feinen Reibe schaben und das Geschabte über dem Topf mit dem Kraut ausdrücken. Der Kartoffelsaft erzeugt eine leichte Bindung. Das Sektkraut mit Salz und Pfeffer abschmecken.

ca. 150 g Lachsforellenfilet
(pro Person, mit der Haut)
Salz, weißer Pfeffer
1 Bd. Petersilie, fein gehackt
1 EL Kartoffelstärke
etwas Öl

Die Lachsforelle entgräten, waschen, salzen und pfeffern. Die Petersilie und das Stärkemehl vermischen, die Lachforelle auf der Hautseite darauf legen und andrücken. Dann auf dieser Seite scharf in etwas Öl anbraten, bis sie fast durch und die Haut knusprig ist. Mit der Hautseite nach oben auf dem heißen Sektkraut anrichten.

Weihnachtliches Täubchen mit Maroni und Pflaumen

300 ml Rotwein
300 g Backpflaumen
3 Sternanis
3 Zimtstangen
6 Nelken
3 Täubchen, küchenfertig
Thymian
Butter
4 Knoblauchzehen, in der Schale
etwas Olivenöl und Butter zum Anbraten
300 g geschälte Maroni (aus der Dose, vakuumverpackt oder vom Maronibrater)
Piment, Salz, Pfeffer

Püree

ca. 600 g Pastinaken, geschält und klein gewürfelt (oder gemischt mit Sellerie und Petersilienwurzel zu gleichen Teilen)
50 g Butter
ca. 150 ml warme Milch (je nach gewünschter Konsistenz)
Salz, Pfeffer
Muskatnuss, gerieben

Den Rotwein mit den Backpflaumen, Sternanis, Zimt und Nelken ca. 5 Minuten aufkochen, dann von der Flamme nehmen und bis zur weiteren Verwendung zugedeckt ziehen lassen (geht auch am Vortag).

Tipp

Die Pflaumen und Maroni passen auch gut zu Truthahn. Sie können den Truthahn damit füllen oder die Rotweinpflaumen mit den Gewürzen und den Maroni in der letzten halben Stunde der Bratzeit zum Braten auf das Backblech geben.

Für das Püree die Sellerie, Pastinaken und Petersilienwurzeln schälen und in kleine Würfel schneiden (je kleiner, desto schneller sind sie gar!). In etwa 50 g zerlassener Butter mit etwas Flüssigkeit (Wasser, Brühe oder Milch) zugedeckt weich dünsten, dann in der Küchenmaschine oder mit dem Mixstab pürieren und mit Salz, Pfeffer und Muskat abschmecken. Nun das Püree in die warme Milch einrühren. So können Sie es auch aufwärmen, wenn Sie das Gemüse schon am Vortag kochen.

Die Täubchen mit Thymian, einem guten Stück Butter und den zerdrückten Knoblauchzehen füllen und in etwas Olivenöl und Butter von allen Seiten kurz anbraten. In eine Bratform auf die gekochten Backpflaumen und die Maroni setzen. Mit dem Rotwein der Pflaumen begießen, mit Salz, Pfeffer und geriebenem Piment würzen. Falls vorhanden, 1 bis 2 EL Geflügelglace oder einen anderen Bratenfond auf das Täubchen löffeln (sonst etwas Butter) und bei 190 °C ca. 20 Minuten braten. Dabei immer wieder die Maroni und Pflaumen umrühren, das Täubchen mit dem Bratensaft begießen und eventuell etwas mehr von dem Rotwein dazugeben. Danach aus dem Backofen nehmen und mit Alufolie zugedeckt etwa 5 Minuten ziehen lassen. Der Bratensaft sollte schön eingekocht sein, Sie können ihn aber auch abseihen, noch einmal in einem Topf aufkochen und etwas kalte Butter einrühren, um ihn sämiger zu machen.

Nun die Taube längs in zwei Stücke schneiden oder die Schenkel und die Brust auslösen, auf den Maroni und Pflaumen anrichten und mit dem Saft begießen. Mit Zimtstangen garnieren und mit Püree servieren.

Zimtsternparfait

40 ml Amaretto
1 EL Stärkemehl
1/4 TL gemahlener Zimt
1 Prise Nelkenpulver
100 g Zimtsterne
4 Eier
150 g Topfen
1 Prise Salz
80 g Kristallzucker

Den Amaretto mit dem Stärkemehl verrühren, einmal kurz aufkochen, Zimt- und Nelkenpulver einrühren, dann auskühlen lassen.
Die Zimtsterne in der Küchenmaschine fein mahlen. Eier trennen und den Topfen mit den Eidottern, den Zimtsternen und dem Amaretto gut verrühren. Die Eiklar mit der Prise Salz cremig aufschlagen und dabei nach und nach den Zucker einrieseln lassen. Den Eischnee vorsichtig unter die Topfenmasse heben, in kleine Souffléformen füllen und einfrieren. Etwa 10 Minuten vor dem Servieren aus dem Tiefkühler nehmen. Auf Teller stürzen und mit je einem Zimtstern garniert servieren.
Dazu passen flambierte Feigen oder Pflaumen, aber auch pur kommt das Parfait sehr gut an!

Mit mehr Zeit Zimtsterne backen

Selbstverständlich können Sie für das Parfait gekaufte Zimtsterne nehmen, aber wenn Sie in Backlaune sind, probieren Sie dieses Zimtsternrezept unbedingt aus. Eines der wenigen, bei dem die Zimtsterne weder zu trocken werden noch beim Backen aus der Form geraten!

Zutaten für etwa 40 Stück
3 Eiklar von großen Eiern (oder 4 von kleinen)
250 g Zucker
2 TL Zimt
200 g gemahlene Mandeln
200 g gemahlene Walnüsse

Das Eiklar mit dem Handmixer schlagen und nach und nach den Zucker einrieseln lassen. Den Zimt dazugeben und mindestens 5 Minuten auf höchster Stufe weiterschlagen. Etwa 4 bis 5 EL von der Masse in eine kleine Schüssel geben und zugedeckt beiseite stellen.
Nun die Mandeln und Nüsse zu der Eischneemasse geben und alles in der Küchenmaschine auf höchster Stufe weitere 5 Minuten schlagen. Kratzen Sie die Masse aus dem Behälter und formen Sie eine Kugel, die Sie auf der mit Kristallzucker bestreuten Arbeitsfläche etwa 1 cm dick ausrollen. Damit der Teig nicht am Nudelholz kleben bleibt, können Sie Klarsichtfolie auf den Teig legen und diese dann wieder abziehen. Tauchen Sie Ihren Keksausstecher immer wieder in warmes Wasser, dann bleibt der Teig nicht kleben! Auf ein mit Backpapier belegtes Backblech geben und vor dem Backen mit dem übrigen Eischnee bestreichen. Die Zimtsterne bei 160 °C etwa 10 Minuten backen. Der Eischnee sollte möglichst hell bleiben!
Lassen Sie die Zimtsterne auf dem heißen Backblech auskühlen, dann ziehen Sie noch nach, ohne dass der Eischnee nachdunkelt.
In einer Keksdose zwischen Alufolie aufbewahren! Wenn die Zimtsterne hart werden, geben Sie einen Apfelschnitzer in die Dose.

Küchenablaufplan

Am Vortag

Sellerie für Blinis dünsten – Fisolen putzen – Schoko-Fondant-Tarte – Marinierte Orangen – Rotweinfeigen – Zwiebelsuppe

Vor dem Eintreffen der Gäste

1. *Backofen auf 160 °C vorheizen.*
2. *Marinade für Orangen aufkochen.*
3. *Schokolade für Tarte nach Anleitung schmelzen.*
4. *Feigen mit Rotwein zum Köcheln aufstellen.*
5. Sellerie schälen, schneiden und dünsten.
6. Topf mit Wasser zum Kochen aufstellen, Fisolen putzen.
7. *Schokolade vom Herd nehmen.*
8. *Orangen marinieren und ziehen lassen.*
9. *Schokomasse zubereiten und backen*
10. Kartoffeln schälen, schneiden und in Milch kochen.
11. Knoblauch (für Fisolen und Gratin) sowie Petersilie hacken.
12. Auflaufform für Gratin vorbereiten.
13. Fisolen bissfest kochen.
14. *Feigen vom Herd nehmen und fertigstellen.*
15. *Zwiebeln für die Suppe schälen und schneiden, Suppe kochen.*
16. Nach den Kartoffeln sehen – wenn sie bissfest sind, in die Auflaufform geben und bereitstellen.
17. Roastbeef zubereiten und zur gewünschten Zeit in den Backofen geben.
18. Salat für die Vorspeise waschen, Crème fraîche und Salatsauce zubereiten.
19. Blinimasse zubereiten und backen.
20. Käse für die Zwiebelsuppe reiben und bereitstellen.
21. Käseteller vorbereiten und bei Zimmertemperatur bereitstellen.

Fertigstellen

1. Blinis aufwärmen, anrichten und servieren.
2. Fisolen zum Aufwärmen aufstellen.
3. Roastbeef aus dem Backofen nehmen, Letzteres auf 200 °C aufheizen und Gratin hineingeben.
4. Roastbeef und Kartoffelgratin anrichten und servieren.
5. Käseteller und Rotweinfeigen servieren.
6. Tarte mit den Orangenscheiben anrichten und servieren.
7. Wenn der Hunger sich wieder einstellt, die Zwiebelsuppe gratinieren und servieren.

DAS GROSSE FEST

Für große Feste greife ich am liebsten auf bewährte Klassiker zurück, denn die bieten gleich mehrere Vorteile: Die meisten Leute freuen sich immer wieder über ein gutes Roastbeef (und das Kartoffelgratin geht auch als vegetarische Hauptspeise durch), alles ist leicht zum Vorbereiten. Und: Dieses Menü eignet sich als Gala-Silvesterdiner genauso wie für ein ungezwungenes Geburtstagsbuffet. Außerdem kann man die Reste am nächsten Tag gut aufwärmen oder kalt essen, kalkulieren Sie die Mengen also nicht zu knapp. Hier sind alle Rezepte für 12 Personen angegeben!

Sellerieblini
mit Gravad Lachs

‚Echte' Blinis werden mit einem Teig aus Buchweizenmehl und Hefe gemacht und schmecken am besten ganz frisch aus der Pfanne. Diese Variante ist unkomplizierter und kann vor dem Servieren kurz im Backofen aufgewärmt werden.

1 Sellerieknolle (etwa 500 g), geschält und gewürfelt
2 EL Butter
etwas Milch oder Wasser
3 Eier
4 EL Mehl
Salz, Pfeffer, Muskatnuss
etwas Öl
125 g Crème fraîche
Saft einer Limette
Pfeffer
12 Scheiben Gravad Lachs bester Qualität
gemischte Blattsalate
2 kleine Gläser Lachsrogen
etwas Schnittlauch zum Garnieren

Marinade

Saft von 2 Zitronen
ca. 8 EL Olivenöl
Salz und Pfeffer

Die Selleriewürfel in der Butter andünsten und mit etwas Wasser oder Milch zugedeckt weich dünsten, danach in der Küchenmaschine pürieren. Die Eier trennen und die Eidotter unter das Mehl rühren. Die Eiklar mit dem Handmixer cremig aufschlagen, dann unterheben. Mit Salz, Pfeffer und etwas gemahlener Muskatnuss abschmecken.

In einer Pfanne mit etwas Öl kleine Blinis (etwa je einen gehäuften EL von der Selleriemasse) bei mittlerer Hitze auf beiden Seiten goldgelb backen. Warten Sie mit dem Wenden der Blinis, bis eine Seite schon knusprig und fest ist, da die Masse recht weich ist. Sie können die Blinis vorbacken und dann im Backofen kurz aufwärmen! Mit Vorlauf können Sie auch die Crème fraîche mit Limettensaft und etwas Pfeffer vermischen, die Marinade aus Salz, Pfeffer, Zitronensaft und etwa 8 EL Olivenöl zubereiten und den Schnittlauch fein hacken.

Vor dem Servieren auf jedes Blini eine Scheibe Gravad-Lachs setzen. Den vorbereiteten Salat und die Schnittlauchröllchen mit der Marinade vermischen und etwas davon auf den Lachs geben. Die Teller mit der verfeinerten Crème fraîche und dem Lachsrogen garnieren.

Mit mehr Zeit Gravad Lachs

Sie können den Lachs auch eigenhändig beizen. Damit haben Sie am Tag des Festes selbst keine Arbeit (außer, den Fisch aufzuschneiden), da der Fisch ca. zwei Tage in der Beize liegen sollte. Kaufen Sie beim Fischhändler Ihres Vertrauens oder in einem guten Sushi-Laden zwei Lachsfilets à ca. 500 g mit Haut. Der Fisch sollte vollständig grätenfrei sein.
Für die Beize brauchen Sie 30 g grobes Meersalz.

30 g Zucker
weißer Pfeffer, frisch gemahlen
1 großer Bd. Dill, fein gehackt

Den Fisch eiskalt abspülen und mit Küchenpapier gut abtrocknen. Die Zutaten für die Beize vermischen und auf die Fleischseite eines der beiden Filets geben. Das zweite Filet mit der Fleischseite auf die Beize legen und beide Filets gut in Klarsichtfolie wickeln, dann in Alufolie einschlagen. In eine Form oder zwischen zwei Bretter legen und beschweren (etwa mit Saft- oder Milchpackungen und mindestens 24, besser 48 Stunden im Kühlschrank beizen. Während der Beizzeit können Sie den Fisch einige Male wenden, damit sich die Beize besser verteilt. Schaben Sie die Beize vor dem Aufschneiden der Filets weg und schneiden Sie dünne Scheiben von der Filetseite herunter, ohne dabei die Haut mitzunehmen. Verwenden Sie dazu ein sehr scharfes Messer und schneiden Sie die Scheiben schräg herunter, damit Sie die Haut nicht mitschneiden.

Roastbeef mit Kartoffelgratin und Fisolen

Für ein gelungenes Roastbeef sind drei Sachen wichtig: ausgezeichnete Fleischqualität (gut abgelegenes Biofleisch!), eine niedrige Gartemperatur und ein Bratenthermometer! Wenn Sie keinen haben, leihen Sie sich einen aus oder investieren Sie in einen. Er kostet sicher weniger als das Stück Fleisch, das Sie braten wollen, also lohnt es sich.

Braten

2 kg Roastbeef
Salz, Pfeffer
6 große EL Dijonsenf
1–2 EL getrocknete Kräuter der Provence

Schneiden Sie etwas von der Fettschicht weg, wenn sie sehr dick ist. Das Fleisch gut mit Salz einreiben und pfeffern. Vermischen Sie den Senf mit den die Kräutern und reiben Sie das Fleisch gut damit ein. Machen Sie das erst kurz vor dem Anbraten, da das Salz dem Fleisch Wasser entzieht. Nun das Fleisch (mit dem Senf!) in einer großen beschichteten Pfanne mit etwas Öl von allen Seiten etwa 10 Minuten anbraten. Setzen Sie nun das Fleisch auf einen Bratenrost, den Sie auf die mittlere Schiene in den Backofen schieben. Sie können das Fleisch ruhig 1 bis 2 Stunden angebraten ruhen lassen. Geben Sie ein Backblech mit Alufolie eine Schiene tiefer in den Backofen, dann bleibt dieser einigermaßen sauber. Bei 90 °C braucht Ihr Roastbeef nun etwa 2 bis 3 Stunden im Backofen. Beachten Sie aber unbedingt den nachfolgenden „Theorieteil", dann kann gar nichts schief gehen!

Über Temperaturen und Garzeiten

Es geht bei Roastbeef mehr um die Kerntemperatur des Fleisches selbst als um die Temperatur des Backofens. Bei einer Kerntemperatur von 50 bis 55 °C ist das Fleisch sehr blutig. Wenn Sie mal ein Roastbeef kalt servieren möchten, ist das die ideale Temperatur. Am Punkt, also rosa gegart, ist das Fleisch bei ca. 58 bis 60 °C. Wenn Sie eine niedrige Backofentemperatur (80 bis 100 °C) wählen, braucht das Fleisch natürlich länger (etwa 2 bis 2,5 Stunden für 1 kg Fleisch), dafür bleibt es saftiger und wird zarter.

Mein Tipp: Heizen Sie den Backofen auf 90 °C vor und stecken Sie das Bratenthermometer in das Fleisch, das Sie etwa 3 Stunden, bevor Sie den Hauptgang servieren möchten, in den Backofen schieben. Überprüfen Sie regelmäßig die Fleischtemperatur. Wenn Ihnen eine halbe Stunde vor dem Hauptgang vorkommt, es könnte noch länger dauern, drehen Sie den Backofen auf 110 °C. Falls das Fleisch aus irgendeinem Grund schon eine Stunde zu früh auf Kerntemperatur ist (ja, das ist mir auch schon passiert!), machen Sie die Backofentür etwa 5 Minuten auf, damit die Hitze rausgeht, drehen Sie die Temperatur auf 50 °C runter und lassen Sie den Braten (bei geschlossener Backofentür) Braten sein. Er ist dann einfach schon fertig und das Warmhalten schadet ihm nicht. Erliegen Sie aber nicht der Versuchung, das Fleisch schon mal gleich aufzuschneiden, die dünnen Scheiben würden die Wartezeit nicht zartrosa überleben.

Kartoffelgratin

etwa 2 kg Kartoffeln (rechnen Sie pro Person mittlere Kartoffeln als Hauptspeise und 2 als Beilage)
etwa 50 g Butter
3–4 Knoblauchzehen, fein gehackt
circa 1,5 l Milch
Salz, Pfeffer, Muskatnuss

Original

Das französische Originalrezept sieht folgende Zubereitungsweise vor: Die Kartoffeln schälen und in dünne, gleichmäßige Scheiben schneiden und in reichlich gesalzenem Wasser beiseite stellen. Eine große Auflaufform ausbuttern (nicht sparen!) und den fein gehackten Knoblauch darauf verteilen. Die Kartoffeln abtropfen und mit Küchenpapier trockentupfen. In die Auflaufform schichten. Die Milch salzen, pfeffern und Muskatnuss hineinreiben. Die Milch über die Kartoffeln gießen, bis sie gerade bedeckt sind. In den auf 180 °C (150 °C Umluft) vorgeheizten Backofen schieben und garen, bis die Kartoffeln durch und obenauf knusprig sind. Das dauert mindestens 45 Minuten, man kann das Gratin aber auch bei niedriger Temperatur ohne Sorge zwei Stunden im Backofen lassen. In diesem Fall sollte man es allerdings abdecken, damit es nicht zu dunkel wird!

Manche schlagen zwei Eier und/oder Schlagobers unter die Milch, was davor bewahrt, dass die Milch ausflockt. Man kann das Gratin auch mit Emmentaler bestreuen und gratinieren, als Beilage ist es aber nach meinem Geschmack nur mit Milch besser.

Geschummelt

Nun stellt sich die Frage: Was tun, wenn nur ein Backofen vorhanden ist, der etwa drei Stunden lang mit Roastbeef besetzt ist? Immerhin soll ja alles gleichzeitig fertig und warm sein. In diesem Fall geben Sie die Milch und die abgetropften Kartoffelscheiben mit den Gewürzen in einen großen Topf und kochen alles langsam auf. Buttern Sie die Form aus und geben Sie die bissfest gegarten Kartoffeln mit der Milch hinein. Jetzt können Sie kurz verschnaufen, bis der Backofen wieder frei ist (z. B. während das Roastbeef unter Alufolie 10 Minuten rastet). Erhitzen Sie den Backofen auf 200 °C (wenn Sie eine Umluft-Grill-Kombination haben, umso besser) und gratinieren Sie die Kartoffeln 10 bis 15 Minuten, bis sie heiß und knusprig sind. In der Zwischenzeit ist das Roastbeef aufgeschnitten und alles kann zu Tisch!

Fisolen mit Petersilie und Knoblauch

1,5 kg Fisolen, geputzt
reichlich Butter
etwas Gemüsebrühe (oder Wasser)
4 Knoblauchzehen, fein gehackt
1 großer Bd. Petersilie, fein gehackt
Salz, Pfeffer

Die Fisolen in reichlich Salzwasser in etwa 10 Minuten bissfest garen, danach unter eiskaltem, fließendem Wasser abschrecken (damit sie grün bleiben). Die Butter im Topf zerlassen und die Fisolen mit etwas Brühe darin zugedeckt etwa 5 bis 10 Minuten gut durchwärmen. Den Knoblauch und die Petersilie untermischen und mit Salz und Pfeffer würzen.

Schoko-Fondant-Tarte
mit marinierten Orangen

Wenn Sie diese Tarte portionsweise auf Tellern anrichten möchten, backen Sie ihn am besten in einer großen, rechteckigen Auflaufform oder auf einem tieferen Backblech. Dann können Sie die Tarte in runde Stücke ausstechen, die etwa den Durchmesser der Orangenscheiben haben. Natürlich können Sie den Kuchen auch in zwei runden Tortenformen backen und normal aufschneiden. Für eine einzelne runde Tarte halbieren Sie die Menge, da die Tarte nicht zu dick sein sollte.

400 g Bitterschokolade (70 %)
200 g Butter
8 Eier
150 g Zucker
100 g Mandeln, sehr fein gerieben
1–2 EL Backpulver
6 EL Mehl

Die Schokolade mit der Butter auf kleinster Stufe schmelzen, dann beiseite stellen und etwas abkühlen lassen. Die Eier mit dem Zucker sehr schaumig rühren, dann die Mandeln, die Schokolade und das Backpulver unterrühren. Zuletzt das Mehl auf die Mischung sieben und vorsichtig unterheben.
Die Backform mit Backpapier auslegen oder sehr gut ausbuttern. Jetzt die Teigmasse im vorgeheizten Backofen bei 160 °C ca. 30 Minuten backen. Die Schoko-Fondant-Tarte sollte im Kern zart schmelzend sein. Lassen Sie die Tarte deshalb gut auskühlen, wenn Sie Portionen ausstechen oder den Kuchen stürzen wollen.

Orangen

3 unbehandelte Orangen
200 ml Orangensaft
50 g Zucker
8 ml Orangenlikör
(Grand Marnier oder Cointreau)

Die Orangen mit der Schale in hauchdünne Scheiben schneiden. Mit einem sehr scharfen Messer geht das ganz leicht! Die Orangenscheiben in eine Form mit Rand schichten. Kochen Sie den Orangensaft mit dem Zucker etwa auf die Hälfte ein, geben Sie dann den Orangenlikör dazu und bedecken Sie die Orangen mit der heißen Flüssigkeit. Die Orangen nun mindestens 3 bis 4 Stunden (noch besser über Nacht) zugedeckt in der Flüssigkeit marinieren.

Käse mit Rotweinfeigen

Ob Käse vor Dessert oder umgekehrt, darüber scheiden sich kulinarische Kulturen. Sie können diesem Gesinnungsstreit aus dem Weg gehen, indem Sie nach der Hauptspeise gleich ein Käse- und Dessertbuffet aufbauen. Daran wird dann ohnehin bis zur Mitternachtseinlage und wieder danach genascht, und so können Ihre Gäste selbst über die Genussreihenfolge entscheiden.
Für eine gute Käseplatte brauchen Sie in erster Linie, na ja, guten Käse. Da werden Sie, je nach Anspruch, im durchschnittlichen Supermarkt schnell an Grenzen stoßen. Gönnen Sie sich im Sinne der Vorfreude einen Ausflug in einen richtig gut sortierten Käseladen und lassen Sie sich beraten. Kosten Sie ungeniert alles, was Sie interessiert, denn das einzige Entscheidungskriterium ist Ihre persönliche Vorliebe. Der geschulte Verkäufer weiß das!
Etwas Abwechslung sollte Ihr Käseteller schon bieten: etwas Cremiges, etwas mit Schmelz, nussigen Hartkäse und ruhig auch etwas Kräftiges, darunter Vertreter von Kuh, Schaf und Ziege. Um die Menge zu kalkulieren, rechnen Sie mit etwa 50 bis 70 g Käse pro Person, wenn Sie keine Reste wollen. Aber wer will das bei gutem Käse, den man sich sonst kaum gönnt, nicht!
Als fruchtige Begleitung zu Käse sind Trauben oder Birnen nie verkehrt, aber schon gesehen. Eine Alternative, die immer wieder überrascht und erfreut, sind getrocknete Feigen in Rotwein.

500 g getrocknete Feigen
1 Flasche Rotwein
5–6 Thymianzweige
1 EL Honig

Die Feigen mit dem Rotwein und dem Thymian auf kleiner Flamme etwa 1 Stunde kochen, bis der Rotwein zu einem Sirup einreduziert ist. Den Honig unter die restliche Flüssigkeit rühren und vor dem Servieren auskühlen lassen. Sie können die Rotweinfeigen gut verschlossen bis zu vier Wochen im Kühlschrank aufbewahren. Diese passen besonders gut zu neutralem Frischkäse oder zu intensiven Käsesorten.

Zwiebelsuppe

Wenn es lang werden soll, kommt eine Mitternachtseinlage immer gut an. Für die Zwiebelsuppe können Sie natürlich alles vorbereiten – auch am Vortag, die Suppe wird besser, wenn sie durchzieht. Das Einzige, was Sie im letzten Moment tun müssen, ist die Suppe aufzuwärmen, die Baguettescheiben mit geriebenem Käse zu bestreuen und im Backofen zu gratinieren.

50 g Butter
einige Pfeffer- und Wacholderkörner
4–5 Lorbeerblätter
einige Thymianzweige
2 kg Zwiebeln, in Ringe geschnitten
1 l trockener Weißwein
1 l Hühnerbrühe
Salz, Pfeffer
1 Baguette, in fingerdicke Scheiben geschnitten
200 g Emmentaler, grob gerieben

Die Butter in einem großen Topf schmelzen, die Gewürze und Kräuter dazugeben und die Zwiebeln darin etwa 10 Minuten unter regelmäßigem Rühren andünsten. Mit dem Weißwein aufgießen und diesen etwa auf die Hälfte einkochen lassen. Dann die Brühe dazugießen und die Suppe etwa weitere 10 Minuten köcheln lassen. Mit Salz und Pfeffer abschmecken.
Den Backofen auf Grillfunktion stellen, die Suppe in feuerfeste Suppenschüsseln geben, je 2 Baguettescheiben darauf geben, großzügig mit Käse bestreuen und unter dem Grill goldgelb gratinieren. Für größere Mengen können Sie die Suppe auf dem Herd erhitzen, die Brotscheiben mit dem Käse auf einem Backblech gratinieren und zur Suppe servieren.

Lexikon österreichisch – deutsch

Auswalken	Ausrollen (des Teiges)
Blunze	Blutwurst
Fisole	Frucht der grünen Gartenbohne
Kraut	Kohl
Leberkäse	Gericht aus fein gehacktem Fleisch (u. gehackter Leber) mit Gewürzen, Speck, Eiern, das gebacken u. in Scheiben geschnitten (u. kurz gebraten) serviert wird; Fleischkäse
Obers	süße Sahne, süßer Rahm
Powidl	Pflaumenmus
Rexglas	Einkoch- bzw. Einweckglas
Schlögel	Schlegel
Semmel	Brötchen aus Weizenmehl
Strudel	Speise aus einem sehr dünn auseinander gezogenen Teig, der mit einer Füllung belegt, zusammengerollt u. gebacken od. gekocht wird
Topfen	Quark
Vogerlsalat	Feldsalat
Zeste	Schale der Orange bzw. Zitrone
Zestenreißer	Orangen- bzw. Zitronenschäler

Rezepte von A bis Z

Widmung

Für meine Mutter, die nicht nur aufgrund ihrer vielen kleinen und großen Festmahle unvergessen bleibt...

Danke

Mein erster Dank gilt meinem Vater für die hilfreichen Kommentare und die unermüdliche Unterstützung in all meinen Vorhaben.

Vielen Dank an Peter, meinen liebsten und geduldigsten Testesser.

Danke an Bernadette für die kulinarischen Inspirationen, die vielen hilfreichen Tipps und die gute Versorgung unserer Gäste bei „Babette's".

Vielen Dank auch an Andreas, „Babette's" Fels in der Brandung.

Für die gute Zusammenarbeit vielen Dank an Miguel Dieterich und Alexandra Mlakar.

Bildquellen

Umschlag: Miguel Dieterich
Inhalt: Miguel Dieterich

Impressum

Sturzgasse 1a, A-1141 Wien, E-Mail: buch@avbuch.at, Internet: www.avbuch.at

Die Deutsche Bibliothek – CIP-Einheitsaufnahme
Die Deutsche Bibliothek verzeichnet diese Publikationen in der Deutschen Nationalbibliografie; detaillierte bibliografische Daten sind im Internet über http://dnb.ddb.de abrufbar.

Redaktion und Projektleitung: Alexandra Mlakar
Umschlag & Layout: Ravenstein + Partner, Verden
Gesamtherstellung: Buch & Konzept, Annegret Wehland, München
Satz: Ravenstein + Partner, Verden
Bildreproduktion: Repro Ludwig, Zell am See

Druck und Bindung: Westermann Druck, Zwickau
Printed in Germany

ISBN 10: 3-7040-2168-7
ISBN 13: 978-3-7040-2168-7